Análise do texto visual
a construção da imagem

Análise do texto visual
a construção da imagem

Antonio Vicente Pietroforte

Copyright© 2007 Antonio Vicente Seraphim Pietroforte
Todos os direitos desta edição reservados à
Editora Contexto (Editora Pinsky Ltda.)

Capa e diagramação
Gustavo S. Vilas Boas

Revisão
Daniela Marini Iwamoto
Liliana Gageiro Cruz

Dados Internacionais de Catalogação na Publicação (CIP)
(Câmara Brasileira do Livro, SP, Brasil)

Pietroforte, Antonio Vicente
Análise do texto visual : a construção da imagem / Antonio Vicente Pietroforte. – 2. ed., 1ª reimpressão. – São Paulo : Contexto, 2024.

Bibliografia
ISBN 978-85-7244-359-3

1. Semiótica   I. Título

07-1930   CDD-701.4

Índices para catálogo sistemático:
1. Semiótica tensiva   701.4
2. Semiótica visual   701.4

2024

Editora Contexto
Diretor editorial: *Jaime Pinsky*

Rua Dr. José Elias, 520 – Alto da Lapa
05083-030 – São Paulo – SP
PABX: (11) 3832 5838
contato@editoracontexto.com.br
www.editoracontexto.com.br

Proibida a reprodução total ou parcial.
Os infratores serão processados na forma da lei.

Sumário

Apresentação 9

A semiótica tensiva 11

    Do descontínuo ao contínuo por meio da tonicidade 12

    A herança de Hjelmslev 13

    A complexificação da geração do sentido 16

A construção da imagem da música:
análise semiótica de uma capa de disco 19

    Tema e variação nas peças de jazz 21

    New Directions – os músicos e suas músicas 24

    Expressão e conteúdo no texto da capa 26

    As categorias plásticas da expressão 27

    A relação semissimbólica 29

    O componente verbal 31

A construção da imagem entre
formas semânticas e formas plásticas:
o tumulto semissimbólico 33

A polissemia da palavra "imagem" 33

A imagem do conteúdo 36

A manifestação plástica do conteúdo semântico 37

Semissimbolismo e categorias plásticas eidéticas 42

Semissimbolismo e categorias plásticas cromáticas 43

A semantização da pessoa e do tempo 47

O belo, o bom e o verdadeiro e a projeção das forias 48

A construção da imagem na formação de sinestesias:
a imagem imaginada do conteúdo e a convocação
de semióticas não verbais por meio da palavra 51

A imagem imaginada e a sinestesia 51

Uma alegoria de sabores
e texturas em torno da imagem imaginada 58

A valorização utópica da mulher
e as escolhas ideológicas do enunciador 63

A construção da imagem na história em quadrinhos:
o enquadramento e a manipulação do ponto de vista 67

O ponto de vista 67

O plano do conteúdo 77

O enquadramento e a relação semissimbólica 81

A enunciação 82

A construção da imagem entre o erótico e o pornográfico:
uma análise lexical a respeito da imagem 85

Erotismo e pornografia 85

O discurso erótico 86

A estética e a ética do erotismo 92

A construção da imagem em uma fotografia
de Haroldo de Campos: o poeta e seu ofício 97

Tensão e significação no plano de conteúdo 98

Tensão e significação no plano de expressão 100

Tensão e significação e sistemas semissimbólicos 103

Bibliografia 105

Discografia 105

O autor 107

Apresentação

Análise do texto visual: a construção da imagem é um livro a respeito de semiótica visual. Não se trata, porém, de introduzir o tema, como é feito em *Semiótica visual: os percursos do olhar*, também publicado pela editora Contexto, de caráter didático e introdutório, o qual é indicado para aqueles que não conhecem a teoria semiótica dita greimasiana. Diferente dos objetivos do primeiro livro, que cuida de explorar o conceito semiótico de semissimbolismo, em *Análise do texto visual: a construção da imagem* são apresentados tópicos da chamada semiótica tensiva, desenvolvida por Claude Zilberberg e Jacques Fontanille, que no Brasil vem sendo introduzida e problematizada por Luiz Tatit, Ivã Carlos Lopes e Waldir Beividas.

No capítulo "A semiótica tensiva", é feita uma breve introdução aos pressupostos dessa semiótica pertinentes para as aplicações realizadas ao longo do livro. Nos capítulos seguintes, diferentes questões semióticas são abordadas por meio de seis objetos de estudo: 1) são trabalhadas as relações entre imagem e música na capa do álbum *New Directions*, do baterista de jazz Jack DeJohnette; 2) são discutidas as conversões de categorias semânticas em categorias plásticas em uma fotografia da modelo Luiza Brunet, de Emmanuelle Bernard; 3) são discutidas as considerações de Jean-Marie Floch a propósito da sinestesia por meio do poema *Jogos frutais*, de João Cabral de Melo Neto; 4) são analisados o enquadramento e a manipulação do ponto de vista na história em quadrinhos *Futboil*, de Luiz Gê; 5) é apresentada uma análise do campo semântico do erótico e do pornográfico e de seu papel semiótico na construção de imagens; e 6) são descritas a tensão e a significação em uma fotografia do poeta e tradutor Haroldo de Campos, de Eder Chiodetto.

A semiótica tensiva

Apesar de ramificada, a semiótica dita greimasiana ainda é uma só semiótica. Semiótica das paixões, semiótica semissimbólica, semiótica tensiva, semiótica do contágio, semiótica discursiva e quantas mais ainda estão por vir; desde que definam a significação como objeto de estudo e o façam de acordo com o percurso gerativo do sentido, trata-se do desenvolvimento do ponto de vista proposto por Greimas.

Neste livro a respeito da semiótica visual – ou semiótica plástica, como alguns preferem chamar – o sentido continua a ser estudado de acordo com o percurso gerativo e com as relações semissimbólicas entre formas da expressão e formas do conteúdo. No entanto, procura-se introduzir alguns avanços da chamada semiótica tensiva, cujos princípios encontram a primeira sistematização na obra *Tensão e significação*, de J. Fontanille e C. Zilberberg (2001).

Longe de configurar preciosismo teórico ou reafirmar com terminologia complicada questões já trabalhadas pela semiótica até então, a semiótica tensiva vem ao encontro de uma problemática própria: a dimensão contínua do sentido.

Para mostrar sua pertinência e o espaço que ocupa nas questões semióticas atuais, pode-se comparar a concepção analítica da semiótica tensiva com o ponto de vista anterior. Basicamente, no que diz respeito à fundamentação do sentido, substituíram-se as operações de afirmação e negação do quadrado semiótico por inflexões tônicas, e a noção dos termos simples na geração do sentido é repensada em termos complexos.

Análise do texto visual

Do descontínuo ao contínuo por meio da tonicidade

Por meio do poema *A morte a cavalo*, de Carlos Drummond de Andrade, torna-se fácil compreender a dimensão contínua do sentido.

A cavalo de galope
a cavalo de galope
a cavalo de galope
lá vem a morte chegando.

A cavalo de galope
a cavalo de galope
a morte numa laçada
vai levando meus amigos.

A cavalo de galope
depois de levar meus pais
a morte sem prazo ou norte
vai levando meus irmãos.

A morte sem avisar
a cavalo de galope
sem dar tempo de escondê-los
vai levando meus amores.

A morte desembestada
com quatro patas de ferro
a cavalo de galope
foi levando minha vida.

A morte de tão depressa
nem repara no que fez.
A cavalo de galope
a cavalo de galope

me deixou sobrante e oco.

Em nível fundamental, há a categoria semântica *vida vs. morte* a gerar o sentido do poema. Basicamente, há a afirmação da morte e a negação da vida. Na lógica do quadrado semiótico, *vida* e *morte* são termos contrários, sobre os quais, por meio de operações de afirmação e negação, geram-se os termos contraditórios e sistematizam-se as relações de contrariedade, contradição e implicação que descrevem a rede fundamental de relações capaz de gerar o sentido:

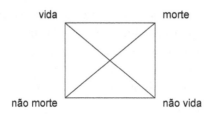

Aplicado ao poema de Drummond, conclui-se que nele há o percurso *vida* ⇒ *não vida* ⇒ *morte* em sua forma de conteúdo. No entanto, essa aplicação cria a aparência de que, uma vez negados, os conteúdos de *vida* são demarcados pontualmente no poema, dando-se o mesmo com a afirmação dos conteúdos de *morte*. Em outras palavras, há a impressão de que *vida* e *morte* são excludentes, que afirmar um deles faz desaparecer o outro.

O poema, entretanto, não está de acordo com isso. Nele, há gradação entre a diminuição dos conteúdos de *vida* perante o aumento dos conteúdos de *morte*; não se trata propriamente de afirmação e negação, mas de gradação. Tudo se passa como se, à medida que o gradiente que regula a *vida* perde tonicidade, o que regula a *morte* ganhasse tonicidade. Trata-se, portanto, de medir não afirmações e negações pontuais e discretas, mas de examinar processos contínuos.

A herança de Hjelmslev

Em sua glossemática, Hjelmslev propõe que tanto o plano de conteúdo quanto o de expressão sejam descritos por meio de constituintes e caracterizantes.

Os constituintes descrevem componentes discretos, descontínuos, e são sistematizados em centrais e marginais. No plano de conteúdo, os constituintes centrais são os radicais, e os constituintes marginais, os afixos; no plano de expressão, os constituintes centrais são as vogais, e os constituintes marginais, as consoantes.

Os caracterizantes, por sua vez, descrevem componentes contínuos e são sistematizados em intensos e extensos. Os caracterizantes extensos têm incidência global, como a curva entoativa, no plano de expressão, e as desinências verbais, no plano de conteúdo. A curva entoativa integra os fonemas em seu curso, assim como o verbo integra, por meio dos mecanismos de concordância e regência, os demais termos da oração. Os caracterizantes intensos, por sua vez, são marcas locais na dimensão da extensidade, como os acentos tônicos, na expressão, e as desinências nominais, no conteúdo.

Partindo dessas considerações, Fontanille e Zilberberg utilizam os conceitos de intensidade e extensidade para formular a semiótica tensiva. Ao lado do modelo do quadrado semiótico, propõem a fundamentação do sentido a partir da articulação de dois eixos, o da intensidade e o da extensidade, regulados não por operações de afirmação e negação, mas por inflexões de tonicidade sobre cada eixo. Afirmar e negar, nessa concepção, é dar mais ou menos tonicidade nos valores investidos.

No poema de Drummond, a *vida* é da ordem da extensidade, pois integra os conteúdos sobre os quais a *morte* vem colocar suas marcas locais e, portanto, intensas. Desse modo, sobre cada eixo se projeta tonicidade, que varia do átono ao tônico, o que significa que tanto a *vida* quanto a *morte* sofrem essa variação.

Dois modos de relação entre os eixos podem ser gerados: ou a *morte* cresce e a *vida* diminui, e, contrariamente, a *morte* diminui e a *vida* cresce, ou *vida* e *morte* crescem juntas ou diminuem juntas. No primeiro caso, há curva de tensão inversa; no segundo, a curva de tensão conversa.

O sentido formado em *A morte a cavalo* é próprio da curva de tensão inversa: à medida que a *morte* avança, a *vida* recua; enquanto a *morte* ganha tonicidade, a *vida* perde tonicidade.

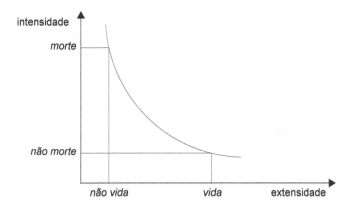

Diferente do poema anterior, no soneto *Braços*, de Cruz e Souza, a curva de tensão é conversa.

> Braços nervosos, brancas opulências,
> brumais brancuras, fúlgidas brancuras,
> alvuras castas, virginais alvuras,
> lactescências das raras lactescências.
>
> As fascinantes, mórbidas dormências
> dos teus braços de letais flexuras,
> produzem sensações de agres torturas,
> dos desejos as mornas florescências.
>
> Braços nervosos, tentadoras serpes
> que prendem, tetanizam como os herpes,
> dos delírios na trêmula coorte...
>
> Pompa de carnes tépidas e flóreas,
> braços de estranhas correções marmóreas
> abertos para o Amor e para a Morte!

Pode-se observar que a articulação tensiva é a mesma do poema de Drummond: a *vida* é da ordem da extensidade, seus conteúdos garantem a significação sobre a qual os conteúdos de *morte* deixam marcas intensas, figurativizadas nos movimentos dos braços. Contudo, à medida que a *morte* ganha tonicidade quando os braços se abrem no final do soneto, os conteúdos de *vida* também a ganham, pois são braços abertos para o amor e para a morte. O aumento de tonicidade na intensidade é diretamente proporcional ao aumento de tonicidade na extensidade, como é próprio da curva de tensão conversa.

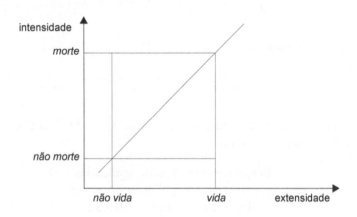

A complexificação da geração do sentido

Herdeira do pensamento de Saussure, a semiótica de Greimas concebe a geração do sentido fundamentada na relação, e não na referência. Isso quer dizer, por exemplo, que *vida* define-se em relação a *morte*, e não em relação a "fatos" ou "coisas" de um suposto mundo tomado como real.

Há, portanto, um eixo semântico, cujos extremos são *vida* e *morte*, que garante o sentido nesse domínio de experiência. Esse eixo tem natureza contínua, servindo de base para os recortes lexicais que se podem fazer sobre ele.

De acordo com o quadrado semiótico, afirmar os extremos desse eixo gera termos simples: ou afirma-se *vida* ou afirma-se *morte*. Contudo, há a possibilidade da geração do termo complexo, em que *vida* e *morte* são afirmadas juntamente.

Considerando os dois poemas nesse ponto de vista, o de Drummond está articulado sobre os termos simples, e o de Cruz e Souza, sobre o termo complexo. Entretanto, na semiótica tensiva, o resultado é outro: os dois poemas são complexos, a diferença está na relação inversa ou conversa da curva tensiva.

Não há, nessa nova concepção, termos simples afirmados ou negados, mas um espaço tensivo complexo, formado pela articulação dos eixos de *intensidade vs. extensidade*, sobre o qual podem ser construídas ou a curva inversa ou a curva conversa.

O modelo geral dessa nova proposta da sintaxe fundamental pode, então, ser assim esquematizado:

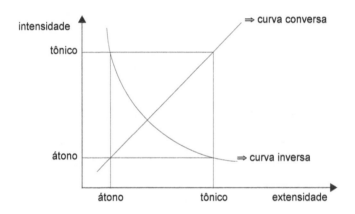

Embora a semiótica tensiva não se restrinja apenas a modificações no nível fundamental da geração do sentido, são essas, especificamente, as que são exploradas nos capítulos seguintes.

A construção da imagem da música:
análise semiótica de uma capa de disco

No final da década de 1970 a WEA discos distribuiu no Brasil, pela primeira vez, gravações do selo ECM, do produtor alemão Manfred Eicher. Além de nomes como Keith Jarrett, Jack DeJohnette, Don Cherry, Charlie Haden e George Adams, próprios das vanguardas do jazz de uma década anterior, havia nessas gravações músicos como Steve Reich, Meredith Monk, Collin Walcott, Naná Vasconcelos e Egberto Gismonti, vindos de outras tradições.

De caráter internacional, esses músicos construíram um estilo difícil de ser classificado. Pouco há de comum entre as criações vocais de Meredith Monk, as peças de berimbau de Naná Vasconcelos, o soft-rock de Pat Metheny e os *standards* do jazz interpretados pelo trio Keith Jarret, Jack DeJohnette e Gary Peacock.

Como o intercâmbio dos músicos é constante entre as gravações, o estilo dos trabalhos varia de acordo com a composição do grupo. Com Egberto Gismonti e Jan Garbarek, o estilo de Charlie Haden é diferente do que quando dialoga com músicos de jazz, como Carla Bley. Jan Garbarek, por sua vez, ora adapta-se ao estilo do quarteto que forma com Keith Jarrett, Palle Danielsson e Jon Christensen, ora aos músicos indianos e paquistaneses que convida para participar de seus trabalhos.

Dedicadas em quase sua totalidade ao improviso e a experiências musicais, as gravações da ECM pouco sucesso fizeram em seu lançamento no Brasil. A música brasileira, em geral, é concentrada em canções em que a composição entre letra e música deixa pouco espaço para o trabalho individual do instrumentista, muito mais valorizado em estilos musicais como o rock e o jazz. Ouvir Led Zeppelin é ouvir suas canções mais os solos de guitarra de Jimmy Page, e faz parte do trabalho de qualquer cantora de jazz improvisar ao lado dos acompanhantes, tão improvisadores como ela.

Além dos trabalhos musicais, as capas dos então LPs eram diferentes do que se costumava ver: a foto de um telhado vermelho, papel de gráfico, uma cor apenas e os nomes dos músicos escritos em tinta preta etc. Comparadas às músicas, complexas entre tantos estilos diferentes, as capas contrastam por parecerem simples. Tudo se passa como se a atenção dos trabalhos incidisse apenas sobre a qualidade musical das obras, restando à capa o papel de mero invólucro daquilo que, na verdade, importa.

Uma capa como esta, do álbum *New Directions*, que Jack DeJohnette divide com Eddie Gomez, John Abercrombie e Lester Bowie, parece somente um registro fotográfico dos integrantes do quarteto de bateria, contrabaixo, guitarra e trompete:

No entanto, um exame mais atento mostra justamente o contrário. Ao apresentar-se antes aos olhos que aos ouvidos, a capa está de acordo com a estética musical que convida a conhecer. Não se trata apenas da imagem de quatro homens de costas para um portão fechado, mas de quatro músicos que estão prestes a tocar quando o LP for colocado na vitrola. Ao fazer parte de um texto maior, a foto integra a capa de um determinado álbum, e é nessa rede de relações, formada pelas conotações sociais investidas nos músicos e em sua música, que ela faz sentido.

Tema e variação nas peças de jazz

O que há de comum entre tantos modos diferentes de fazer jazz? O jazz de Nova Orleans, o middle-jazz, o bebop, o cooljazz, o hardbop, o jazz-rock e o freejazz – assim como ao que Jean Wagner chama "neocool" internacional (Wagner, 1990: 198-203), do qual as gravações da ECM são exemplos significativos – têm uma estrutura comum, própria de todas as variações possíveis dos estilos de jazz: tema e improviso.

A partir de uma melodia, acompanhada de harmonia e ritmo definidos, constrói-se um tema de jazz. O tema é a composição propriamente dita, geralmente de curta duração. É executado pelo grupo dos músicos, seguido dos improvisos, que são variações sobre o tema. A peça de jazz, portanto, é formada do tema mais as variações, que, muitas vezes, são mais importantes que o próprio tema; não se ouve jazz por causa do tema, mas pelas variações que seus executantes são capazes de criar.

Desse modo, pode-se definir a categoria formal *identidade vs. alteridade* para descrever esse processo de composição. No jazz, há uma complexificação entre os termos da categoria: a afirmação da *identidade* realiza o tema, que garante a coerência da composição, estabelece o elo entre os improvisadores e fornece o norte das criações individuais em meio à coletividade do grupo, e a afirmação da *alteridade* realiza a contribuição de cada músico que, com seu improviso, em cada solo reconfigura uma leitura particular do mesmo tema.

Nessa complexificação, o solo, por mais que se distancie do tema, deve se referir a ele a cada momento da execução do improviso. Portanto, embora a *identidade* seja realizada no tema em sua apresentação inicial pelo grupo, ela não deixa de ser reafirmada em cada realização da alteridade nos solos.

A tensão estabelecida entre tema/identidade *vs.* improviso/alteridade pode ser formalizada de acordo com as propostas de Fontanille e Zilberberg em *Tensão e significação* (2001). Inspirados na terminologia de Hjelmslev, os autores propõem que a tensão seja descrita na articulação entre dois eixos contínuos: o da intensidade e o da extensidade.

Aplicados sobre uma categoria formal estabelecida, o eixo da intensidade caracteriza os domínios do que é local, e o da extensidade, os domínios do que é global. No caso do jazz, o tema é extenso, pois permanece na execução da peça do começo ao fim, ao passo que o improviso é intenso, pois cada solo é local em sua realização. Nessa relação, a *identidade* é extensa e a *alteridade*, intensa:

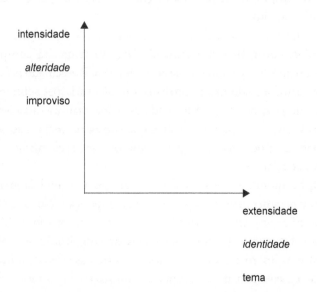

Estabelecida na tensão entre os dois eixos, a peça de jazz é construída na complexificação entre uma *identidade* extensa e uma *alteridade* intensa.

Duas curvas de tensão podem ser estabelecidas de acordo com a categoria formal *tônico vs. átono* projetada sobre cada eixo: uma em que a tonicidade da intensidade implica a atonicidade da extensidade, e vice-versa, e outra em que a tonicidade da intensidade implica a tonicidade da extensidade e, consequentemente, a atonicidade de uma na atonicidade da outra. A primeira define a curva de tensão inversa e, a segunda, a curva conversa:

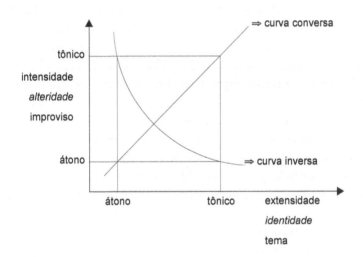

Desse modo, podem ser enfatizados o tema e/ou os improvisos de acordo com a energia que se coloca em cada um deles, na dinâmica em que estão relacionados.

Na curva inversa, a intensidade dos solos é tônica e a extensidade do tema é átona, ou a intensidade dos solos é átona e a extensidade do tema é tônica. É o que se passa no bebop, no cooljazz, no hardbop, no jazz-rock e na maioria das peças do "neocool" internacional da ECM.

Nessas peças, primeiramente há uma execução tônica do tema feita pelo grupo, em que a presença do improviso é atonamente modulada pela interpretação de cada um dos integrantes. Em seguida, passa-se à série de solos, geralmente na ordem metais, piano, contrabaixo e bateria, em que o tema é realizado atonamente e a tônica incide nos improvisos individuais – inclusive o do baterista, que costuma seguir a dinâmica do tema fazendo de seu instrumento, reservado ao acompanhamento rítmico, mais um instrumento de solo.

Em grupos pequenos, como Weather Report, Art Blakey e seus Jazz Messengers, ou os grupos de John Coltrane e Miles Davis, é comum a insistência na tonicidade dos improvisos, ao passo que, em bandas maiores, como a Liberation Music Orchestra, de Charlie Haden, ou as bandas de Gil Evans e de Charles Mingus, há maior insistência na tonicidade do tema.

Na curva conversa, há dois extremos: ou o tema é realizado pelo improviso concomitante de todos os membros do grupo, havendo tonicidade no tema e nos improvisos – como na concepção de muitas peças de freejazz, de Ornette Coleman –, ou tema e improviso estão diluídos em constantes reelaborações de alguns motivos musicais – ora em torno do timbre, ora do ritmo, ora de melodias sugeridas aparentemente ao acaso –, como ocorre nas sessões reunidas no álbum *Killer Bees*, de Airto Moreira, ou em shows do grupo Art Ensemble of Chicago. Essa última relação de atonicidade no tema e nos improvisos é comum quando os músicos nem sabem o que vão executar, simplesmente começam a tocar e a peça segue em redefinições constantes, como em muitos dos concertos de piano de Keith Jarrett ou de Chick Corea.

Em síntese, nessa rede de relações formada pela categoria formal *identidade vs. alteridade* e caracterizada pelos eixos da extensidade e da intensidade em suas gradações átona e tônica, o jazz realiza as tensões entre o tema e os improvisos que definem sua forma musical.

New Directions – os músicos e suas músicas

Quem são os músicos que participam do álbum *New Directions*? O álbum é de Jack DeJohnette, o baterista. Na maioria de seus trabalhos, é um baterista de pequenas formações, geralmente trios ou quartetos. Tocou com os grupos de Miles Davis, Anthony Braxton, Keith Jarrett, além de desenvolver carreira solo. Pelos poucos exemplos dados de seus parceiros musicais, trata-se de um baterista reconhecido como um dos melhores do jazz. DeJohnette é capaz de dialogar com músicos de diferentes estilos – como Terje Rypdal, Miroslav Vitous, a cantora Betty Carter e a banda Living Colour – e executar com desenvoltura as diferentes concepções musicais dos grupos citados – que vão do jazz-rock, de Miles Davis, aos *standards* executados ao lado de Keith Jarrett e Gary Peacock, incluindo música brasileira, com Pat Metheny e Milton Nascimento. Além da bateria, toca piano em seus e em outros trabalhos. Na foto, é o homem negro com os braços cruzados. O baixista é Eddie Gomez. Tocou com o trio de Bill Evans, com Chick Corea, acompanhou o baterista de rock progressivo Bill Bruford (baterista do Yes e do King Crimson). É o homem branco, de óculos, com as mãos enfiadas nos bolsos da calça. O guitarrista é John Abercrombie, o outro homem branco, com as mãos cruzadas sobre a barriga. Também com carreira solo, dirige um trio de guitarra, órgão e bateria formado por Jan Hammer (o tecladista da Mahavishnu Orchestra, de John McLaughlin) e o próprio DeJohnette, e forma um dueto de violões e guitarra com Ralph Towner. Lester Bowie é o trompetista, o homem negro com o punho fechado. Além da carreira solo, é membro do Art Ensemble of Chicago e grava com músicos pop, como David Bowie, no álbum *Black Tie White Noise*.

Com essas referências, os quatro músicos possuem carreiras de destaque no mundo do jazz. Longe de meros acompanhantes, são instrumentistas que interferem ativamente nos caminhos e nas direções de um tipo de música caracterizada pela revolução permanente de seus parâmetros fundadores. Sempre dialogando com várias tendências musicais, da música "clássica" indiana ao rap, o hip-hop e o tecno, o jazz sempre está construindo novas direções para percorrer. Desse modo, o título do álbum *New Directions* concorda com as concepções e os trabalhos de cada um dos instrumentistas que o fizeram.

Há no álbum um total de cinco peças. As duas primeiras – "Bayou Fever" e "Where or Wayne" – são da autoria de DeJohnette, e a terceira – "Dream Stalker" – e a quarta – "One Handed Woman" – são criações coletivas do grupo. A última composição – "Silver Hollow" – da autoria de DeJohnette, é executada por ele ao piano, com John Abercrombie ao mandolim e o restante do grupo com seus instrumentos habituais, baixo acústico e trompete.

Em todas as peças, há a predominância da relação entre tema e improviso descrita na curva de tensão inversa, de modo que primeiro há tonicidade no tema e atonicidade nos solos para, em seguida, haver a inversão desse investimento tensivo na apresentação dos improvisos. Nas composições do baterista, essa concepção é mais evidente; no entanto, nas criações coletivas, a criação do tema depende de tonicidade nos solistas, de modo que nelas, nesse momento da execução, a relação de tensão é conversa.

Expressão e conteúdo no texto da capa

Tratar semioticamente uma capa de disco pressupõe defini-la como texto, produto da articulação do plano de conteúdo com o plano de expressão. O conteúdo é conceitual e a expressão é sincrética, pois há semiótica plástica na fotografia e semiótica verbal no título e no nome dos músicos.

Qual o conteúdo da capa de *New Directions*? A capa de um LP ou de um CD, como qualquer capa de revista e de DVD ou VHS, estabelece uma relação com o conteúdo daquilo que ela apresenta. Na maioria das capas dos trabalhos de Chico Buarque ou Paulinho da Viola, há uma foto do compositor/intérprete; elas apresentam o conteúdo desses trabalhos figurativizado pelo artista. O conteúdo, nesses casos, não é o homem, mas seu papel social de cancionista, com seu estilo e suas composições.

Com os quatro músicos de *New Directions* acontece o mesmo, porém, como no jazz o instrumentista é tão importante quanto suas composições, cada um deles figurativiza também seu instrumento e o virtuosismo com o qual é capaz de tocá-lo. Além do mais, como músicos da vanguarda do jazz, o conteúdo do álbum realiza essa concepção musical, caracterizada pelas tensões entre tema e improviso, descritas nos itens anteriores. Em suma, o conteúdo de *New Directions* é o jazz.

Ao lado do papel referencializador da foto, há uma estratégia semiótica de compor seu plano de expressão que, poeticamente – entendendo-se poético como a projeção do eixo paradigmático no sintagmático –, relaciona-se com o conteúdo determinado.

Como se trata de semiótica plástica, essa estratégia semiótica é semissimbólica e, por isso mesmo, poética. É semissimbólica porque formas da expressão estão relacionadas com formas do conteúdo, e é poética porque o eixo paradigmático das categorias responsáveis por essas formas é textualizado no eixo sintagmático que as realiza.

As categorias plásticas da expressão

Isolando a foto de seu componente verbal, a imagem é esta:

Ao analisar seus componentes eidéticos, cromáticos e topológicos, pode-se determinar como, por meio de contrastes, o plano de expressão é formado.

Com a imagem de quatro homens de pé, de costas para um portão fechado, há um contraste formado entre eles e o portão. Quanto à forma, que pode ser descrita de acordo com a categoria plástica eidética *homogêneo vs. heterogêneo*, é possível opor o portão aos músicos de modo que o primeiro tem forma homogênea, definido por uma regularidade de linhas horizontais, e os últimos têm forma heterogênea, com poses e contornos distintos. Quanto à cor, no caso articulada pela categoria plástica cromática *monocromático vs. colorido*, há uma oposição entre o portão monocromático e as diversas cores dos músicos e de seus trajes. Por fim, a categoria plástica topológica, articulada em *horizontal vs. vertical*, organiza, respectivamente, a disposição das linhas do portão e dos músicos.

Esquematicamente, a relação entre as três categorias plásticas e as figuras do discurso "portão" e "músicos" é esta:

plano de expressão	categoria eidética	*homogêneo vs. heterogêneo*
	categoria cromática	*monocromático vs. colorido*
	categoria topológica	*horizontal vs. vertical*
plano de conteúdo	figuras do discurso	portão vs. músicos

Nessa rede de relações, há a definição de dois tipos de contrastes, um homogêneo e monocromático, disposto horizontalmente, que se opõe a outro heterogêneo e colorido, disposto verticalmente, que dão forma à expressão da fotografia. Colocados no quadrado semiótico, a articulação entre os contrastes configura a rede de relações plásticas que manifesta as figuras de conteúdo, em especial o portão e os quatro jazzistas.

Há ainda o chão e uma planta, que cresce ao lado do pé esquerdo do trompetista. O chão é formado pelo termo simples *horizontal* da categoria topológica, pelo termo simples *monocromático* da categoria cromática e pelo termo simples *homogêneo* da categoria eidética. A planta é formada pelo termo neutro da categoria topológica, pois sua disposição não é nem *horizontal* nem *vertical*, pelo termo simples *colorido* da categoria cromática e pelo termo simples *heterogêneo* da categoria eidética.

Desse modo, é possível determinar a rede de relações entre as categorias plásticas da expressão e os contrastes definidos por elas que, por sua vez, organizam a plasticidade que manifesta as figuras de conteúdo colocadas em discurso na textualização da capa do disco.

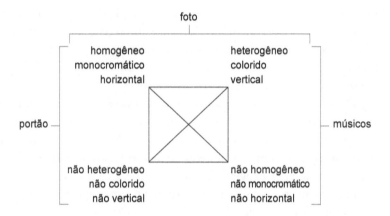

Enquanto termo complexo, na foto da capa há a projeção do eixo paradigmático de todas as categorias que dão forma aos contrates e que cuidam de organizar a textualização no eixo sintagmático.

A relação semissimbólica

No item anterior, embora as categorias plásticas determinem os contrastes que definem a figurativização manifestada na fotografia, instaurando uma relação entre expressão e conteúdo, não há o estabelecimento de relação semissimbólica entre uma forma de expressão e o conteúdo jazzístico do álbum, determinado pela relação *identidade vs. alteridade* que, por sua vez, define a relação *tema vs. improviso*.

Essa relação, contudo, pode ser determinada a partir do contraste que dá forma aos músicos. Destacados do cenário por meio dos termos simples forma *heterogêna*, cromatismo *colorido* e posição *vertical*, há a categoria formal *identidade vs. alteridade* a definir as relações de semelhança e diferença entre os quatro instrumentistas. Estar de pé afirma a *identidade*, no entanto a heterogeneidade de seus contornos e o diferente colorido das roupas afirma a *alteridade*: Eddie Gomez está com as mãos nos bolsos e veste calças jeans azul-claras e jaqueta de couro marrom; John Abercrombie está com as mãos cruzadas sobre a barriga e veste terno preto sem gravata; Jack DeJohnette está com os braços cruzados sobre o peito e veste calças jeans azul-escuras e camisa colorida; e Lester Bowie está com a mão direita no bolso e o punho esquerdo fechado, e veste calças marrons e malha da mesma cor.

Desse modo, há uma relação entre *identidade vs. alteridade* que se parece com aquela que dá forma à tensão *tema vs. improviso*. Com a mesma configuração plástica, cada músico imprime nela seu estilo individual, assim como, sobre um mesmo tema, cada um faz seu improviso. Tudo se passa como se, na imagem da foto, os músicos contraíssem entre si a mesma relação entre tema e improviso que realizam quando executam as peças musicais que integram o álbum *New Directions*.

Essa relação entre expressão plástica e conteúdo musical é semissimbólica e incide sobre a relação semiótica entre a expressão da capa e o conteúdo do álbum.

plano de expressão		identidade *vs.* alteridade	
	categoria eidética	-	+
	categoria cromática	-	+
	categoria topológica	+	-
plano de conteúdo		identidade *vs.* alteridade	
	estrutura do jazz	tema *vs.* improviso	

Em um processo metonímico, que relaciona causa e efeito – músicos e suas performances – a foto da capa sugere a concepção musical gravada no disco.

O componente verbal

Além da imagem da fotografia, há na capa o título do álbum e os nomes dos músicos. Acima de cada um dos artistas, há seu respectivo nome e abaixo do nome de DeJohnette, o título *New Directions*. Eddie Gomez, John Abercrombie e Lester Bowie estão escritos em vermelho, e Jack DeJohnette e *New Directions*, em azul, todos grafados em letra maiúscula e com a mesma fonte e tamanho. DeJohnette é o diretor do álbum, portanto, há identidade entre a cor de seu nome e o título do LP a estabelecer esse vínculo.

Embora transcrições de semiótica verbal, as letras, quando escritas, pertencem também à semiótica plástica e, no caso, podem ser descritas pela cor, pela forma e pelo tamanho da fonte.

Novamente, há a categoria formal *identidade vs. alteridade* a organizar essas grandezas: o tamanho e a fonte afirmam a *identidade*, e a oposição *cor quente* (vermelho) *vs. cor fria* (azul) afirma a *alteridade* entre o nome do líder do grupo e os nomes dos demais componentes e afirma a *identidade* entre ele e o título de seu trabalho. A *identidade* cromática entre DeJohnette e *New Directions* dá conta da relação autor/obra, e a *alteridade*, da relação entre o líder e os demais músicos.

Há entre a imagem plástica das letras a mesma relação entre tema e variação da música. O tema é determinado pela *identidade* entre forma e tamanho, e a variação, pela *alteridade* cromática. Como o líder do grupo e o título do álbum partilham da mesma *identidade* cromática, o líder e seu trabalho funcionam como tema, e os demais músicos, como variações de sua concepção particular de jazz.

Por fim, resta confirmar que a simplicidade da capa é apenas da ordem do parecer, pois a análise semiótica mostra relações semissimbólicas, portanto poéticas, a orientar sua textualização. Essas relações, por sua vez, estabelecem o vínculo entre imagem fotográfica, imagem gráfica e conteúdo musical, que, ao lado das novas direções das composições, estão além do simples relato iconográfico de um quarteto de jazz.

A construção da imagem entre formas semânticas e formas plásticas:
o tumulto semissimbólico

A polissemia da palavra "imagem"

A palavra "imagem", frequentemente utilizada nos estudos de semiótica plástica, é polissêmica, por isso gera ambiguidades indesejáveis no discurso científico. Fala-se em imagem da fotografia, da pintura, da escultura, da arquitetura etc., sugerindo que "imagem" se refere a qualquer manifestação numa semiótica plástica. Quando a palavra "imagem" aparece em estudos de semiótica aplicada a esse domínio da expressão, entende-se "imagem" como aquilo que se pode ver.

Desse modo, os registros escritos das línguas naturais também são imagens. Qualquer palavra – própria das semióticas verbais –, quando escrita, é antes vista que ouvida, o que faz desse registro linguístico uma semiótica sincrética em que se combinam palavra e imagem escrita. Por pertencer aos domínios do visível, trata-se apenas de reconhecer a plasticidade da escrita e incluí-la nos domínios em que o conceito de "imagem" se confunde com a plasticidade da expressão.

Contudo, Saussure fala de imagem acústica ao referir-se ao significante verbal, e a teoria da literatura fala em construção de belas imagens por meio da palavra. No caso de Saussure, "imagem" diz respeito ao plano de expressão de ordem fonológica; concerne à semiótica verbal, antes audível que visível. A teoria da literatura, por sua vez, refere-se ao plano do conteúdo, portanto, aos domínios do texto em que o plano de expressão verbal pode ser desconsiderado, pois essas belas imagens são conceituais, não são vistas nem ouvidas, mas imaginadas.

Não se trata de fazer aqui a redefinição do termo "imagem", mas de esclarecer suas aplicações quando utilizado em análise semiótica. A palavra "imagem" vem do latim *imago*, que quer dizer semelhança, representação, retrato. Com essa etimologia, "imagem", tomada como representação, pode se referir ao que se vê, ouve-se ou se imagina.

Tanto a música quanto as artes plásticas podem construir belas imagens de conteúdo, como a *Sinfonia n° 6*, de Beethoven, ou a *Noite Transfigurada*, de Schoenberg, assim como as *Composições*, de Mondrian ou Kandinsky. Em domínios semânticos, não é só a arte literária que cria imagens de conteúdo.

Entretanto, quando se trata do plano de expressão plástica, a imagem do conteúdo é facilmente confundida com a imagem que se vê por meio da expressão, e uma é tomada pela outra sem distinções. O desenho de uma árvore, por exemplo, é formado por meio de categorias plásticas, pois nele há cromatismo e forma, dispostos numa topologia – trata-se da imagem vista –, mas reconhecer nesse significante uma relação com o conceito de árvore diz respeito ao plano de conteúdo, pois são categorias semânticas que definem o conceito de árvore – trata-se da imagem imaginada. Construída por meio de formas semânticas, a imagem do conteúdo tem propriedades conceituais que, quando textualizadas em semiótica plástica, passam pelo processo de manifestação em que categorias de conteúdo são traduzidas em categorias plásticas.

A partir da análise de uma fotografia, é possível descrever como se dá essa tradução entre categorias de ordens distintas e como, por meio da figurativização e de sua manifestação plástica, cada tipo de categoria plástica pode contrair relações semissimbólicas diferentes com a mesma categoria de conteúdo. Trata-se de uma fotografia da modelo Luiza Brunet, de Emmanuelle Bernard, publicada na revista *Interview* n° 152, de agosto de 1992:

A construção da imagem entre formas semânticas e formas plásticas

A imagem do conteúdo

Antes de analisar a construção da imagem na manifestação plástica da fotografia, um exame da construção da imagem semântica no plano de conteúdo pode encaminhar a análise da conversão de categorias semânticas em categorias plásticas com mais clareza.

Assim como Emmanuelle Bernard figurativiza um cemitério no cenário da fotografia, Machado de Assis faz o mesmo em suas *Memórias póstumas de Brás Cubas* quando descreve o enterro da personagem principal, o narrador do romance (1997: 513-14).

> Dito isto, expirei às duas horas da tarde de uma sexta-feira do mês de agosto de 1869, na minha bela chácara de Catumbi. Tinha uns sessenta e quatro anos, rijos e prósperos, era solteiro, possuía cerca de trezentos contos e fui acompanhado ao cemitério por onze amigos. Onze amigos! Verdade é que não houve cartas nem anúncios. Acresce que chovia – peneirava – uma chuvinha miúda, triste e constante, tão constante e tão triste, que levou um daqueles fiéis da última hora a intercalar esta engenhosa ideia no discurso que proferiu à beira de minha cova.

Como se trata da descrição de um cortejo fúnebre, há na citação a articulação da categoria semântica *vida vs. morte*. O percurso figurativo realizado no texto constrói a cena que se apresenta à imaginação por meio da semantização da categoria de espaço da sintaxe discursiva. No nível discursivo, há uma desembreagem enunciativa em que o enunciador – marcado na desinência de número e pessoa dos verbos "expirei", "tinha", "era", "possuía" e "fui" – torna-se uma pessoa do discurso, cujo tempo marca o *então* e o espaço marca o *lá*. Desse modo, o narrador converte-se em uma personagem ancorada em tempo e espaço diferentes do *agora* e do *aqui* de sua enunciação. Nessa sintaxe, o espaço do *lá* é revestido semanticamente pela figura do cemitério, no adjunto adverbial de lugar da frase "fui acompanhado ao cemitério por onze amigos".

A figurativização permite que se crie o efeito de sentido de referencialização. Uma figura do discurso pode ser definida nos domínios do significado do signo verbal, que, por sua vez, define-se na relação que contrai com os demais significados do sistema linguístico de que faz parte. Assim, em língua portuguesa, "cemitério" é o lugar onde os mortos são enterrados, definido em oposição aos demais lugares, próprios dos vivos. Não se trata de definir uma palavra em relação a uma "coisa" do mundo, mas de definir um signo em relação a outros signos. Próprias do conteúdo, essas imagens são de ordem conceitual e independem, em parte, do plano de expressão escolhido para manifestá-las.

Se o significante do significado de cemitério é uma imagem acústica, formada pelos fonemas /semitɛriʊ/, a manifestação dá-se em semiótica verbal, como no romance de Machado de Assis; caso o significante seja uma imagem visual, trata-se de semiótica plástica, como na fotografia de Emmanuelle Bernard.

Do cemitério de Machado ao da fotografia de Bernard, há uma mesma semantização dessa figura de conteúdo, só que expressa em outra semiótica. Tanto na foto quanto no texto verbal descreve-se um cemitério, mas com recursos diferentes, próprios da semiótica que o manifesta, que ora o faz por meio de uma palavra que funciona como adjunto adverbial de lugar, ora por meio de uma imagem visual entre outras imagens.

Ao descrever o processo semiótico da sintaxe e da semântica discursiva capaz de gerar a imagem imaginada, mostra-se como o verbo, seu sujeito e seus adjuntos adverbiais a manifestam em semiótica verbal por meio dos marcadores das categorias de pessoa, tempo e espaço, próprios desse sistema. No caso da fotografia, o processo de manifestação é outro.

A manifestação plástica do conteúdo semântico

Qual é, então, o discurso da fotografia de Emmanuelle Bernard? Em seu enunciado, conta-se a história de uma moça parada nas escadas de um cemitério, diante do muro e do portão aberto, e não se sabe se ela está saindo ou entrando no lugar. A categoria semântica fundamental, portanto, é *vida vs. morte*.

Enquanto figura do discurso, a moça, parada onde está, permite que se definam duas zonas espaciais, uma interior e outra exterior ao cemitério, que, relacionadas com a categoria semântica, articulam *vida* com o exterior e *morte* com o interior. Desse modo, realiza-se a figura do cemitério: fora dele, *vida*; dentro dele, *morte*; e nas escadas, no portão e no muro – nem dentro nem fora – o termo neutro da categoria *vida vs. morte*.

Um cemitério, no entanto, é separado dos demais lugares por meio de uma murada, de modo que zona exterior e zona interior, no caso, estão articuladas pela categoria semântica *circundante vs. circundado*, o exterior figurativizando o *circundante* e o interior, o *circundado*.

Por meio da articulação entre as categorias semânticas *vida vs. morte* e *circundante vs. circundado*, constrói-se a imagem imaginada dessa figura de conteúdo:

Por enquanto, a análise está restrita à semantização do espaço, a semântica investida na pessoa e no tempo é examinada mais adiante. Se a construção semântica do espaço discursivizado determinada é própria do plano do conteúdo do texto da fotografia, resta determinar como as categorias plásticas do plano de expressão são capazes de manifestá-la.

A semiótica plástica opera com três categorias: 1) as cromáticas, responsáveis pela manifestação por meio da cor; 2) as eidéticas, responsáveis pela manifestação por meio da forma; 3) e as topológicas, responsáveis pela manifestação da distribuição dos elementos figurativizados.

Começando pelas topológicas, cabe utilizar a proposta de J. M. Floch em seu livro *Petites mythologies de l'oil et de l'esprit* (1985: 30). De acordo com Floch, a distribuição topológica pode ser linear ou planar. A linear é articulada em *intercalante vs. intercalado* e a planar, em *circundante vs. circundado* (agora uma categoria plástica, e não semântica). O *circundante* pode circundar o *circundado* total ou parcialmente: se circunda parcialmente, realiza-se como *cercante vs. cercado*; se circunda totalmente, há duas possibilidades: como *marginal vs. central*, quando o *circundado* está no centro do plano *circundante*, ou como *englobante vs. englobado*, quando o *circundado* não está no centro do plano *circundante*.

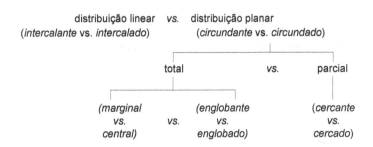

A distribuição linear também pode dar conta de colocações organizadas por categorias plásticas como *superior vs. inferior* e *esquerda vs. direita*. Na foto em questão, o portão, as escadas e o muro são *englobantes* em relação ao retângulo formado pela porta, o *englobado*. Por sua vez, dentro desse retângulo há uma distribuição linear formada pela categoria *superior vs. inferior*, que realiza a paisagem que cerca o cemitério na zona *superior*, e realiza seu interior com os túmulos na zona *inferior*.

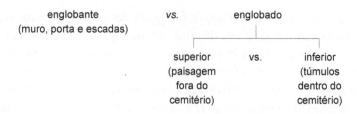

Essa distribuição permite que se mostre como a figura do cemitério da imagem imaginada, no plano de conteúdo, manifesta-se no plano de expressão plástico. A categoria de conteúdo *circundante vs. circundado*, que forma o exterior e o interior do cemitério de acordo com a categoria semântica *vida vs. morte*, é manifestada pela distribuição planar determinada na foto do seguinte modo:

1) o *englobante*, na expressão, realiza as figuras que semantizam o termo neutro da correlação *circundante/vida vs. circundado/morte*;
2) o *englobado*, na expressão, realiza o termo complexo da correlação *circundante/vida vs. circundado/morte*;
3) o termo simples *superior* do *englobado*, na expressão, realiza as figuras que semantizam o termo simples *circundante/vida*;
4) o termo simples *inferior* do *englobado*, na expressão, realiza as figuras que semantizam o termo simples *circundado/morte*.

A construção da imagem entre formas semânticas e formas plásticas

englobante [PE] vs. englobado [PE]
muro, portão e escada [PC]
(não vida + não morte) [PC]
(não circundante + não circundado) [PC]

superior [PE] vs. inferior [PE]
fora do cemitério [PC]   dentro do cemitério [PC]
(vida) [PC]   (morte) [PC]
(circundante) [PC]   (circundado) [PC]

PE = plano de expressão
PC = plano de conteúdo

O esquema anterior representa a manifestação das categorias de conteúdo, responsáveis pela imagem imaginada, em categorias da expressão, responsáveis pela imagem vista. Como há nesse processo uma relação entre formas do conteúdo e formas da expressão, trata-se de uma relação semissimbólica entre categorias semânticas e categorias plásticas topológicas.

Resta verificar o que se passa com as categorias eidéticas e cromáticas.

Semissimbolismo e categorias plásticas eidéticas

O centro da fotografia é ocupado por duas figuras que se destacam, em primeiro lugar, pela posição, depois, pelo jogo de formas e cores colocadas em contraste. Além do mais, essas figuras realizam, no plano do conteúdo, cada uma delas, cada um dos termos simples da categoria *vida vs. morte*. Trata-se, respectivamente, da moça e da cruz.

No plano do conteúdo, há figuras que realizam o termo *vida*: a moça, a planta que cobre o muro em um dos cantos superiores da porta do cemitério e a vegetação que se pode ver, em perspectiva, sobre os túmulos. Quanto ao termo *morte*, há os túmulos e a cruz, em destaque sobre um deles. O termo neutro da categoria é realizado pelas escadas, pelo muro e pelo portão, e o termo complexo, pela imagem vista em sua totalidade.

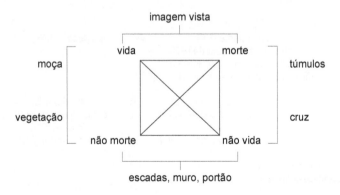

A construção da imagem entre formas semânticas e formas plásticas

Analisando somente a moça e a cruz, percebem-se duas formas em contraste: a moça é formada por curvas, a cruz é formada por retas. Desse modo, é possível inferir uma relação semissimbólica entre *vida vs. morte* e *curvo vs. reto*.

PC	vida *vs.* morte
PE	curvo *vs.* reto

Entretanto, essa relação não se sustenta entre as demais figuras e suas formas. O portão, os muros e as escadas têm formas retas e figurativizam o termo neutro *não vida + não morte*, e a planta sobre o muro, que figurativiza a *vida*, tem parte de sua forma fixada por retas devido aos limites do texto fotográfico, o mesmo se dando com a vegetação em perspectiva e seu contraste com os túmulos.

Contudo, a tensão entre a moça e a cruz, por causa da posição central que ocupam, ratifica esse semissimbolismo assim que elas são colocadas em destaque. No mínimo, há um semissimbolismo parcial, que recobre não todas as figuras colocadas em discurso, mas apenas algumas delas, no caso, as destacadas pela categoria topológica *central vs. marginal*. Além do mais, há a categoria cromática *preto vs. branco* – que manifesta, respectivamente, o vestido e a cruz – a colaborar para esse destaque de ordem topológica.

Semissimbolismo e categorias plásticas cromáticas

Em suas *Petites mythologies de l'oeil e de l'esprit*, Floch lembra o conceito de pequena mitologia, formulado por C. Lévi-Strauss (Floch, 1985: 15-6). Comenta o antropólogo que relações entre formas da expressão e formas do conteúdo são criadas a todo momento, para que se estabeleça ordem na arbitrariedade que as une. Em francês, não existe uma relação entre o conteúdo das palavras *jour* e *nuit* e suas expressões fonológicas; no entanto, para Lévi-Strauss, a noite tem aspecto terminativo e o dia, durativo, de modo que esses aspectos do conteúdo podem ser relacionados com as formas de expressão da vocalização das

43

duas palavras: em *jour*, o vocalismo grave relaciona-se com o aspecto cursivo do dia e, em *nuit*, o vocalismo agudo relaciona-se com o aspecto terminativo da noite.

Por meio do que a semiótica chama semissimbolismo, estabelece-se ordem na arbitrariedade da relação entre som e sentido. Como é própria de Lévi-Strauss, ele a chama pequena mitologia, contudo, há as grandes mitologias, próprias do coletivo, e não de um só indivíduo.

Do som para a imagem visual – ou melhor, de semiótica verbal para plástica – há correlações de grandes mitologias entre a cor e o sentido. Livros em que são estabelecidas relações entre cores e o que elas podem significar, por exemplo, são obras em que se descrevem essas mitologias cromáticas.

Uma dessas mitologias diz respeito ao preto relacionado ao luto e o branco, ao nascimento. No ocidente, o preto é a cor das cerimônias fúnebres, como velórios, enterros e cremações, enquanto o branco é a cor das festas de ano novo. Desse modo, há semissimbolismo entre a categoria cromática *branco vs. preto* e a categoria semântica *vida vs. morte*, que a todo momento pode ser colocado em discurso.

PC	vida *vs.* morte
PE	branco *vs.* preto

Na foto em análise, o vestido da moça é preto e a cruz é branca, o que sugere um semissimbolismo contrário ao esperado dessa grande mitologia. Como figurativização da *vida*, a moça manifesta em seu vestir cores próprias da *morte*, e a cruz, que figurativiza a *morte*, manifesta cores próprias da *vida*. Isso se dá porque a manifestação da figurativização pode ser estabelecida por categorias de ordens diferentes e, nessa manifestação, categorias distintas podem manifestar, de modo contrário, o mesmo conteúdo semântico.

Enquanto figuras do conteúdo, a moça realiza a *vida* e a cruz, a *morte*. Já em sua manifestação plástica, a categoria eidética *curvo vs. reto* – cujos termos simples manifestam, respectivamente, a moça e a cruz – passa a manifestar a relação semissimbólica *vida/curva vs. morte/reta*, em que a expressão plástica está de acordo com os conteúdos figurativizados.

Contudo, devido a uma mitologia social em que se articula a categoria cromática *preto vs. branco*, semissimbolicamente em *preto/ morte vs. branco/ vida*, manifestam-se conteúdos de *morte* na moça e de *vida* na cruz.

Há, por isso, um desacordo entre as relações semissimbólicas em torno da cor e da forma em relação às figuras que nelas se manifestam: figurativamente, a moça realiza a *vida* e a manifesta em sua forma, mas revela a *morte* em sua cor, já a cruz realiza a *morte* e a manifesta em sua forma, mas instaura a *vida* em sua cor.

Nessas relações, o semissimbolismo da categoria eidética é estabelecido a partir das figuras e da manifestação de suas formas, do conteúdo para a expressão, e o semissimbolismo da categoria cromática, a partir de uma mitologia social em torno da cor, da expressão para o conteúdo.

Essa relação semissimbólica da categoria cromática, assim como a da categoria eidética, também é parcial, pois não se sustenta na totalidade do texto, já que o muro e as escadas – nem *vida* nem *morte* – são brancos. O desacordo entre os conteúdos manifestados, no caso, dá-se porque as categorias cromáticas e eidéticas são independentes entre si, o que quer dizer que a mesma imagem vista pode manifestar conteúdos contrários ou diferentes. Existe, portanto, tensão entre cor e forma, de modo que o enunciatário pode ser manipulado a deter-se ora em uma, ora em outra. Quando se detém na cor, é tônica na cor e átona na forma; quando se detém na forma, é tônica na forma e átona na cor.

Recorrendo ao que dizem Fontanille e Zilberberg a respeito de tensão e significação (2001), propõem os autores que a tensão pode ser definida na relação entre dois eixos contínuos: o da extensidade e o da intensidade. Aplicando esse modelo às relações entre a cor e a forma, pode-se determinar que a cor é da ordem da extensidade, pois recobre espaços, enquanto a forma é da ordem da intensidade, pois delimita espaços. Quando ambas manifestam os mesmos conteúdos, há uma correlação conversa, em que forma e cor afirmam ou negam os mesmos conteúdos; quando manifestam conteúdos contrários, a correlação é inversa, pois nela a forma afirma determinados conteúdos enquanto a cor os nega, ou vice-versa.

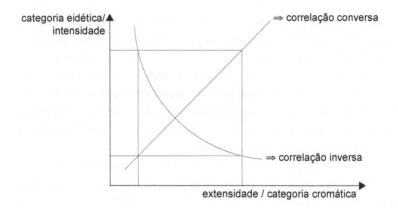

No esquema acima, afirmação e negação são traduzidas em termos de tonicidade: quanto mais extensidade ou intensidade, mais afirmação; quanto menos, mais negação, de modo que os graus de tonicidade são demarcados ao longo dos eixos e crescem do ponto de seu cruzamento em direção divergente ou diminuem em direção convergente.

Na tensão estabelecida entre a cor e a forma no vestido e na cruz, quando o enunciatário marca tonicamente a cor *preta* e atonamente a forma *curva*, afirma-se o conteúdo *vida*; ao contrário, quando marca atonamente a cor e tonicamente a forma, afirma-se o conteúdo *morte*. Quando o enunciatário marca tonicamente a cor *branca* e atonamente a forma *reta*, afirma-se o conteúdo *vida*; ao contrário, quando marca atonamente a cor e tonicamente a forma, afirma-se o conteúdo *morte*.

Como forma e cor manifestam a mesma figura, é impossível que ambas sejam vistas separadamente, por isso a tensão não mostra afirmações e negações categóricas, em que uma exclui a outra, mas tensas, em que o que varia são os graus de inflexão de tonicidade.

Na foto em questão, categoria eidética e categoria cromática estão em correlação inversa, o que provoca o efeito de sentido que foi chamado, no título deste capítulo, tumulto semissimbólico. Em princípio, há tumulto porque em determinadas figuras ora o semissimbolismo se manifesta, ora não, e, quando se manifesta, há tumulto porque é manifestado inversamente pelas categorias do plano de expressão, no caso, as categorias cromática e eidética.

A semantização da pessoa e do tempo

A manifestação do conteúdo por meio das categorias topológica, eidética e cromática permite que se verifique a semantização das categorias de pessoa, tempo e espaço próprias do nível discursivo. No início deste capítulo, verifica-se como a categoria semântica *vida vs. morte* semantiza o espaço e como essa semiotização é manifestada por meio de categorias plásticas topológicas. Uma vez manifestado o espaço e sua semântica, resta verificar como se manifestam a pessoa e o tempo e suas respectivas semantizações.

Começando pela pessoa, trata-se de desembreagem enunciva, em que uma moça, vestida de preto, posiciona-se nas escadas de um cemitério. Quem ela é e o que faz não é possível determinar com precisão. O fato de ser a modelo Luiza Brunet não esclarece muito, pois na foto ela é apenas a moça na escadaria; não se trata exclusivamente de uma foto de moda em que Brunet cumpre o papel social de modelo. O que ela faz é impossível determinar: não se sabe se entra no cemitério, caminhando de costas, ou se sai dele, olhando para fora. Contudo, sabe-se que está nas escadas, e que seu corpo tem, como fundo, o interior e o exterior do cemitério, vistos pela porta aberta.

Se no plano do conteúdo ela está nas escadas, o termo neutro da categoria semântica *vida vs. morte*, a manifestação no plano de expressão da figura de seu corpo recobre as manifestações topológicas dos termos complexo e neutro da mesma categoria, manifestada de acordo com o semissimbolismo *englobado (vida + morte) vs. englobante (não morte + não vida)*. Sobre a escada, seus pés e pernas manifestam-se sobre o englobante, e, em frente à porta, o restante do corpo está sobre o englobado. Assim, sua figura, topologicamente, é colocada onde se manifesta a categoria *vida vs. morte* e a rede de relações formada por ela.

Além do mais, há o tumulto semissimbólico em torno das categorias eidética e cromática que manifestam sua figura: forma *curva*, portanto conteúdo *vida*, e cor *preta*, portanto conteúdo *morte*.

A moça, onde está e como está, tanto na imagem vista na expressão quanto na imagem imaginada no conteúdo, pode representar um psicopompo, um condutor de almas que faz a ponte entre a vida e a morte. Esse tipo de personagem mítico transita, em seu fazer transformador, nos percursos sintagmáticos formados pelos termos simples da categoria semântica *vida vs. morte*: quando faz o percurso *morte* ⇒ *não morte* ⇒ *vida*, transita em busca das almas, e quando faz o percurso contrário *vida* ⇒ *não vida* ⇒ *morte*, leva a alma consigo. Em seus percursos, o condutor das almas transita pelo termo neutro (*não morte* + *não vida*) e pelo termo complexo (*vida* + *morte*), pois só assim a passagem pode ser feita.

Em relação à semantização do tempo, deve-se considerar quando essa passagem entre vida e morte se dá do ponto de vista do psicopompo. Instaurado na rede de relações formada pela categoria semântica *vida vs. morte*, seu tempo é o tempo mítico de sua atuação: sempre que houver vida e morte, há um tempo para a condução das almas, que pode ser tanto no passado quanto no futuro. Também mítico, esse é o tempo da eternidade, quando passado e futuro são complexificados no eterno presente.

O belo, o bom e o verdadeiro e a projeção das forias

Nada há no texto da fotografia que indique euforização da *morte* e disforização da *vida*, ou vice-versa. No entanto, é nessa questão que o fato de a moça ser modelo pode fazer sentido. Não é porque é uma foto de Luiza Brunet, mas porque se trata de uma modelo, valorizada por sua beleza.

A morte, geralmente, é figurativizada por velhas horrendas ou caveiras armadas com foice. Nesse sentido, a velhice, a feiura e a morbidez carregam a morte de conteúdos disfóricos, contrários ao que se sugere com uma moça modelo de beleza. Parece mais agradável transitar entre a vida e a morte quando quem nos conduz é apresentado na forma de uma mulher sedutora, numa semiotização que se encarrega de complexificar a categoria *vida vs. morte*. Bela, ela é com facilidade aceita como boa e, portanto, também como verdadeira, caso se assuma ideologicamente a velha relação da cultura ocidental entre os três conceitos.

Sem a possibilidade de projetar a categoria fórica com precisão, pois a moça figurativiza a rede de relações formada pela categoria semântica que realiza no plano do conteúdo e manifesta semissimbolicamente no plano da expressão, sua beleza pode euforizar ambos os termos simples da categoria, além de euforizar os termos neutro e complexo.

Tudo indica que a projeção fórica nesse texto é tão tumultuada quanto seu semissimbolismo.

A construção da imagem
na formação de sinestesias:
a imagem imaginada do conteúdo e a convocação
de semióticas não verbais por meio da palavra

A imagem imaginada e a sinestesia

No capítulo "A construção da imagem entre formas semânticas e formas plásticas: o tumulto semissimbólico", lança-se mão do conceito de imagem imaginada para, na análise de uma fotografia, diferenciar aquilo que se vê no plano de expressão daquilo que se concebe no plano de conteúdo.

A imagem imaginada diz respeito à concepção conceitual de determinados conteúdos, ela não é formada por meio de categorias plásticas, mas por meio de categorias semânticas. Em semiótica verbal, as categorias semânticas podem ser manifestadas em descrições, por meio de enunciados de ser. Na descrição de um sujeito narrativo, por exemplo, ele é discursivizado em relações juntivas com objetos de valor, por isso pode ser imaginado de acordo com os valores investidos nesses objetos. Nessas descrições, geralmente, recorre-se a semióticas não verbais – como a semiótica plástica, a semiótica dos odores e a semiótica gustativa, entre outras – na construção de sinestesias.

Quando um texto manifesta mais de uma semiótica em seu plano de expressão, trata-se de uma semiótica sincrética. A história em quadrinhos com balões e o cinema falado são semióticas sincréticas, pois seus planos de expressão são formados, pelo menos, por semiótica verbal e por semiótica plástica.

No caso das descrições verbais, em que se convocam outras semióticas por meio do plano de conteúdo, pode-se admitir um tipo de sincretismo, diferente, porém, do anterior. Floch propõe que esse sincretismo seja chamado paradigmático, em oposição ao outro, chamado sintagmático (1985: 108-12). No sincretismo sintagmático, as semióticas convocadas são colocadas combinadas no mesmo eixo sintagmático, manifestando-se no mesmo plano de expressão; no paradigmático, são convocadas por meio de associações conceituais que as realizam no plano de conteúdo sem, no entanto, manifestá-las no plano de expressão.

Com o objetivo de descrever esse processo semiótico, fruto da sinestesia, analisa-se a imagem imaginada construída no poema *Jogos frutais*, de João Cabral de Melo Neto:

De fruta é tua textura
e assim concreta;
textura densa que a luz
não atravessa.
Sem transparência:
não de água clara, porém
de mel, intensa.

Intensa é tua textura
porém não cega;
sim de coisa que tem luz
própria, interna.
E tens idêntica
carnação de mel de cana
e luz morena.

Luminosos cristais
possuis internos
iguais aos do ar que o verão
usa em setembro.
E há em tua pele
o sol das frutas que o verão
traz no Nordeste.

É de fruta do Nordeste
tua epiderme;
mesma carnação dourada,
solar e alegre.
Frutas crescidas
no Recife relavado
de suas brisas.

Das frutas do Recife,
de sua família,
tens a madeira tirante,
muito mais rica.
E o mesmo duro
motor animal que pulsa
igual que um pulso.

De fruta pernambucana
tens o animal,
frutas quase animais
e carne carnal.
Também aquelas
de mais certa medida,
melhor receita.

O teu encanto está
em tua medida,
de fruta pernambucana,
sempre concisa.
E teu segredo
em que por mais justo tens
corpo mais tenso.

Tens de uma fruta aquele
tamanho justo;
não de todas, de fruta
de Pernambuco.
Mangas, mangabas
do Recife, que sabe
mais desenhá-las.

És um fruto medido,
bem desenhado;
diverso em tudo da jaca,
do jenipapo.
Não és aquosa
nem fruta que se derrama
vaga e sem forma.

Estás desenhada a lápis
de ponta fina,
tal como a cana de açúcar
que é pura linha.
E emerge exata
da múltipla confusão
da própria palha.

És tão elegante
quanto um pé de cana,
despindo a perna nua
de dentre a palha.
E tens a perna
do mesmo metal sadio
da cana esbelta.

O mesmo metal da cana
tersa e brunida
possuis, e também do oiti,
que é pura fibra.
Porém profunda
tanta fibra desfaz-se
mucosa e úmida.

Da pitomba possuis
a qualidade
mucosa, quando secreta,
de tua carne.
Também do ingá,
de musgo fresco ao dente
e ao polegar.

Não és uma fruta fruta
só para o dente,
nem és uma fruta flor,
olor somente.
Fruta completa:
para todos os sentidos,
para cama e mesa.

És uma fruta múltipla,
mas simples, lógica;
nada tens de metafísica
ou metafórica.
Não és O Fruto
e nem para A Semente
te vejo muito.

Não te vejo em semente,
futura e grávida;
tampouco em vitamina,
em castas drágeas.
Em ti apenas
vejo o que se saboreia,
não vejo o que alimenta.

Fruta que se saboreia,
não que alimenta:
assim descrevo melhor
a tua urgência.
Urgência aquela
de fruta que nos convida
a fundir-nos nela.

Tens a aparência fácil,
convidativa,
de fruta de muito açúcar
que dá formiga.
E tens o apelo
da sapota e do sapoti
que dão morcego.

De fruta é a atração
que tens, a mesma;
que tens de fruta,
atração reta e indefesa.
Sempre tão forte
na carne e espádua despida
da fruta jovem.

És fruta de carne jovem
e de alma alacre,
diversa do oiti-coró
porque picante.
E, tamarindo,
deixas em quem te conhece
dentes mais finos.

És fruta de carne ácida,
de carne e de alma;
diversa da do mamão,
triste, estagnada.
É do nervoso
cajá que tens o sabor
e o nervo-exposto.

És fruta de carne acesa,
sempre em agraz,
como araçás, guabirabas,
maracujás.
Também mangaba,
deixas em quem te conhece
visgo, borracha.

Não és fruta que o tempo
ou copo de água lava
de nossa boca
como se nada.
Jamais pitanga,
que lava a língua e a sede
de todo estanca.

Aumentas a sede como
fruta madura
que começa a corromper-se
no seu açúcar.
Ácida e verde:
contudo, a quem te conhece
só dás mais sede.

Ácida e verde,
porém já anuncias
o açúcar maduro que
terás um dia.
E vem teu charme
do leve sabor de podre
na jovem carne.

Ao gosto limpo do caju,
de praia e sol,
juntas o da manga mórbida,
sombra e langor.
Sabes a ambas
em teus contrastes de fruta
pernambucana.

Sem dúvida, és mesmo fruta
pernambucana:
a graviola, a mangaba
e certas mangas.
De tanto açúcar
que ainda verdes parecem
já estar corruptas.

És assim fruta verde
e nem tão verde,
e é assim que te vejo
de há muito e sempre.
E bem se entende
que uns te digam podre e outros
te digam verde.

Uma alegoria de sabores e texturas em torno da imagem imaginada

Antes de João Cabral, Cesário Verde, em seu poema *Num bairro moderno*, constrói um ser humano a partir das frutas e das verduras que vê com uma vendedora. Nele, a melancia torna-se cabeça; os repolhos, seios; os cachos de azeitonas, cabelos; duas uvas, dois olhos;

as cenouras, dedos; o tomate, o coração etc. Por meio de comparações baseadas na forma e na cor, Cesário Verde constrói sua alegoria por meio de associações com semiótica plástica.

A alegoria das frutas construída pelo poeta brasileiro é diferente, é baseada antes na textura e no sabor que na forma das frutas convocadas. Em *Jogos frutais*, a semiótica tátil e a semiótica gustativa são associadas, sinestesicamente, a uma descrição de mulher.

Quando se faz a descrição de personagens, há, pelo menos, duas operações semióticas envolvidas. Uma delas diz respeito à sintaxe narrativa e a outra, à semântica. Descrever a pessoa do discurso é mostrar relações juntivas: ela pode ser descrita nas relações de conjunção, não conjunção, disjunção e não disjunção com objetos. Enquanto sujeito narrativo, a pessoa do discurso define-se em relação a esses objetos, de modo que o valor semântico neles investido determina sua semantização.

No caso dos *Jogos frutais*, uma mulher é descrita mediante junções com determinadas propriedades das frutas da região nordeste do Brasil. Como figuras do discurso, essas frutas recebem investimentos semânticos de ordem tátil e de ordem gustativa, criando, por associação, referência à semiótica do tato e à semiótica do sabor.

Não se trata, portanto, de se referir a frutas que existem no mundo por meio de relações entre palavras e coisas, mas de definir uma rede de relações entre texturas e gostos que, por meio de palavras, é lexicalizada. Nessa lexicalização, constrói-se um campo semântico cujo arquissemema é /fruta do nordeste brasileiro/ e que é organizado a partir dessa rede de relações. As palavras que nomeiam cada fruta não se referem às coisas do mundo, mas a essa rede. Por isso, é possível imaginar cada gosto e textura sem nunca haver provado ou tocado as frutas lexicalizadas no poema.

Uma vez determinada a rede de relações e sua lexicalização, objetos narrativos "frutas" são definidos, investidos com os valores semânticos dessa rede.

A "mulher", enquanto sujeito narrativo, é definida por meio de relações juntivas com propriedades dessas "frutas" objetos. Uma vez em junção, as propriedades gustativas e táteis das frutas são assumidas pelo sujeito e formam sua semantização.

A investigação semiótica mostra que o enunciador do poema, em sua descrição, sistematiza o universo das frutas de acordo com dois critérios: um tátil, que distingue frutas duras e frutas moles, e um gustativo, que distingue o sabor que dura e o sabor que passa rápido.

O que há de comum nesses dois critérios? No que diz respeito ao sabor, o que dura tem aspecto durativo; contrariamente, o que não dura tem aspecto pontual. Assim está distribuído o sabor durativo na mangaba e o pontual, na pitanga. Quanto ao tato, a fruta dura mantém suas linhas, como a manga e a mangaba, e a mole se derrama, como a jaca e o jenipapo. A fruta dura, porque permanece, tem também aspecto durativo, e a mole, porque se derrama, tem aspecto pontual. Pode-se deduzir, portanto, uma axiologia baseada na aspectualização articulada em torno da categoria aspectual *durativo vs. pontual*.

Essa categoria, por sua vez, recebe investimento tônico de modo que as frutas não são sistematizadas apenas de acordo com a duratividade e a pontualidade de seus sabores ou texturas, mas também de acordo com sua intensidade. Embora de sabor durativo, a fruta é avaliada também de acordo com a intensidade desse sabor: muito doce, como o sapoti e a sapota, muito picante, como o tamarindo e o maracujá, ou pouco marcante, como o mamão. Também o tato passa por essa avaliação: há a mangaba, que deixa visgo e borracha, e a pitanga, que não permanece.

Portanto, as frutas lexicalizadas são suportadas por uma rede de relações construída em torno das articulações da categoria aspectual *durativo vs. pontual*, sobredeterminada pela categoria da tonicidade *tônico vs. átono*.

Lançando mão das ideias de Fontanille e Zilberberg (2001), a tensão entre dois termos contrários pode ser descrita pela articulação do eixo da extensidade com o eixo da intensidade. Por meio dessa proposta, pode-se descrever a tensão entre a *duratividade* e a *pontualidade*, de modo que a *duratividade* é da ordem da extensidade e a *pontualidade*, da intensidade.

Aplicando a categoria da tonicidade sobre cada um dos eixos, há duas relações possíveis: a conversa, em que a *duratividade* e a *pontualidade* são ambas tônicas ou ambas átonas, e a inversa, em que a *duratividade* é tônica e a *pontualidade* é átona ou a *duratividade* é átona e a *pontualidade* é tônica.

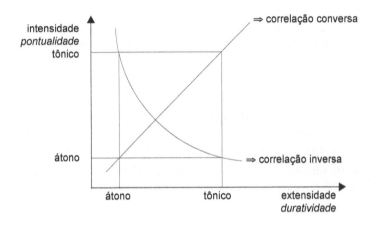

Quando a relação é conversa e a *pontualidade* e a *duratividade* são tônicas, determina-se o aspecto iterativo, há marcações pontuais em uma duração. Quando a *pontualidade* e a *duratividade* são átonas, determina-se o aspecto cursivo, há uma duração sem demarcações definidas.

Quando a relação é inversa, e a *pontualidade* é tônica e a *duratividade*, átona, determina-se o aspecto pontual; quando a *pontualidade* é átona e a *duratividade*, tônica, determina-se o aspecto durativo. Esses quatro aspectos podem ser articulados no quadrado semiótico, em que as gradações tensivas organizam a distribuição dos termos:

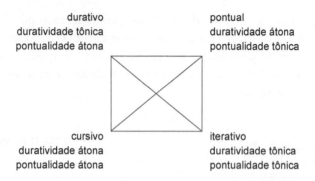

Essa rede tônico-aspectual, aplicada sobre o sabor e a textura, determina o contínuo sobre o qual as frutas fazem seus recortes lexicais.

Da ordem do inteligível, essa rede é sensibilizada pela categoria fórica, de modo que o enunciador euforiza a *duratividade* tônica e a *pontualidade* átona, e disforiza a *duratividade* átona e a *pontualidade* tônica:

Sobre essa rede tônico-aspectual assim sensibilizada, o enunciador sistematiza as frutas de acordo com suas texturas e sabores, e escolhe os valores com os quais sua mulher está em relações juntivas. Orientadas pela categoria fórica, essas relações são de conjunção, quando eufóricas, e de disjunção, quando disfóricas:

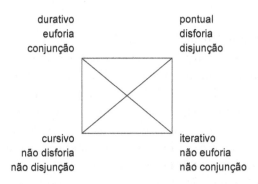

A mulher descrita, portanto, é como a textura e o sabor das frutas que figurativizam a duratividade tônica em suas semióticas tátil e gustativa, tematizadas no plano de conteúdo em semiótica verbal.

Por fim, resta verificar que, embora euforizando o aspecto da *duratividade* tônica e da *pontualidade* átona, a partir do qual o enunciador estabelece os valores com os quais sua mulher está em conjunção, ele tolera a negação da euforia e o estado de não conjunção quando, em profundidade, a dureza se desfaz em muco, sua negação. A disjunção, porém, não é tolerada.

Tal tolerância permite que, no final do poema, uns digam dessa mulher que ela é verde, outros, podre. De textura dura, as frutas euforizadas são mais secas que úmidas, permitindo estabelecer o eixo semântico cujos extremos são os termos contrários da categoria semântica *seco vs. úmido*, com a projeção da *euforia* sobre o "seco" e da *disforia* sobre o "úmido". A mucosidade nega a secura sem afirmar ainda a umidade, por isso é tolerada. Seca, a mulher é verde; umedecida pela mucosidade, podre.

A valorização utópica da mulher e as escolhas ideológicas do enunciador

De acordo com Greimas, os valores investidos nos objetos podem ser de dois tipos, dependendo de como são semantizados no percurso narrativo da ação. Nesse percurso, há o *programa narrativo de base* e *programas narrativos de uso*, de modo que o valor investido no primeiro é descritivo e nos demais, modal. Quando uma figura do discurso refere-se ao saber ou ao poder-fazer do sujeito de ação, trata-se de objeto modal; quando figurativiza o valor euforizado inscrito nesse objeto, trata-se de objeto descritivo. Uma taça em um brinde, como no poema *Salut*, de Mallarmé, é objeto modal já que semantiza o poder-fazer, mas o cálice sagrado das demandas do Santo Graal é objeto descritivo, pois figurativiza o valor *vida*, capaz de transformar o estado de *não vida* em que o rei Artur e seu reino se encontram.

Os objetos modais recebem valorização utilitária, enquanto os descritivos, valorização existencial. De acordo com Floch (1995: 126-32), a afirmação e a negação desses valores geram quatro tipos fundamentais de valorização: 1) a afirmação do valor existencial gera a valorização utópica; 2) a negação do valor existencial, a valorização crítica; 3) a afirmação do valor utilitário, a valorização prática; 4) e a negação do valor utilitário, a valorização lúdica.

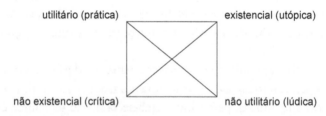

O enunciador do poema valoriza a mulher em seus *Jogos frutais* com valorização utópica, com fim em si mesma. Sua mulher não é para gerar filhos, quando mulher, nem para gerar sementes, quando fruta. Tampouco é para servir de alimento, mas para ser saboreada.

Como objeto descritivo, ela figurativiza os valores da permanência, contrários aos do passageiro. Desse modo, pode-se deduzir a categoria semântica fundamental *passageiro vs. permanente* a organizar o nível fundamental do poema, em que o *passageiro* é disforizado e o *permanente*, euforizado, e determinar o valor *permanente* figurativizado na mulher que, enquanto objeto de valor, é valorizada utopicamente.

A estética da permanência não é específica desse único poema, mas de toda a poética de João Cabral. Desde *A educação pela pedra*, João Cabral constrói percursos figurativos de acordo com a rede tônico-aspectual deduzida a partir dos *Jogos frutais* com a mesma projeção fórica.

> Uma educação pela pedra: por lições;
> para aprender da pedra, frequentá-la;
> captar sua voz inenfática, impessoal
> (pela de dicção ela começa as aulas).
> A lição de moral, sua resistência fria
> ao que flui e a fluir, a ser maleada;
> a de poética, sua carnadura concreta;
> a de economia, seu adensar-se compacta:
> lições da pedra (de fora para dentro,
> cartilha muda), para quem soletrá-la.
>
> Outra educação pela pedra: no Sertão
> (de dentro para fora, e pré-didática).
> No Sertão a pedra não sabe lecionar,
> e se lecionasse, não ensinaria nada;
> lá não se aprende a pedra: lá a pedra,
> uma pedra de nascença, entranha a alma.

O que é resistente, a pedra, é resistente porque figurativiza o aspecto *duratividade* tônica e *pontualidade* átona, o mesmo da mulher dos *Jogos frutais*. Como a mulher, a pedra também tem sua carnadura concreta.

Outra figura que assume a mesma aspectualidade são os ossos do *Cemitério alagoano*, que, como a pedra, são os únicos a resistir à morte.

> Sobre uma duna da praia
> o curral de um cemitério,
> que o mar todo o dia, todos,
> sopra com vento antissético.
>
> Que o mar depois desinfeta
> com água de mar, sanativa,
> e depois, com areia seca,
> ele enxuga e cauteriza.

O mar, que só preza a pedra,
que faz de coral suas árvores,
luta por curar os ossos
da doença de possuir carne,

e para curá-los da pouca
que de viver ainda lhes resta,
lavadeira de hospital,
o mar esfrega e reesfrega.

O uso de uma aspectualidade própria e de sua valorização fórica constitui as escolhas com as quais João Cabral orienta sua ideologia. Por meio dela, constrói sua estética e os percursos figurativos capazes de realizá-la. Formadora desses percursos, essa ideologia orienta as sinestesias; portanto, quando as semióticas do sabor ou do tato são tematizadas pelo poeta, o gustativo e o tátil são lidos com a mesma visão de mundo, que, como a pedra, entranha a alma.

A construção da imagem
na história em quadrinhos:
o enquadramento e a manipulação do ponto de vista

O ponto de vista

Quando se fala em manipulação do ponto de vista, geralmente se pensa no plano do conteúdo. Manipular, no caso, diz respeito à visão de mundo que se pretende construir e, nesse processo semiótico, gerar a rede de relações semânticas por meio da qual o mundo faz sentido. No entanto, em semiótica plástica, cujos objetos são visuais, determinar o ponto de vista pode ser uma questão de plano de expressão. Nesse caso, além de ser o modo de significação, o ponto de vista é também o modo de olhar.

Na fotografia ou na pintura, por exemplo, categorias plásticas topológicas, eidéticas e cromáticas são manipuladas, e seus efeitos de sentido orientam os percursos do olhar sobre esses objetos. Combinadas, as categorias de expressão geram modos de relação entre o enunciador e o enunciatário, estabelecendo pontos de vista de como o enunciado deve ser olhado.

Na história em quadrinhos, a manipulação da leitura pode ser construída por meio de jogos de enquadramento, em que a imagem imaginada do conteúdo, quando manifestada, é exibida de acordo com o que, no cinema, chama-se movimento de câmera. Como se trata do enquadramento de cenas desenhadas, e não de cenas filmadas, há diferenças quanto ao resultado final, mas o processo semiótico desse movimento pode ser descrito por meio da forma plástica que o orienta.

Esse efeito de sentido visual pode ser examinado na história em quadrinhos *Futboil*, de Luiz Gê.

Análise do texto visual

A construção da imagem na história em quadrinhos

A construção da imagem na história em quadrinhos

71

A construção da imagem na história em quadrinhos

Análise do texto visual

A construção da imagem na história em quadrinhos

75

O autor dispensa apresentações para quem se interessa pelo quadrinho brasileiro. Além de contribuições para as revistas em quadrinhos *Internacional* e *Circo*, tem dois álbuns publicados, *Quadrinhos em fúria* e *Território de bravos*, em que estão reunidos seus melhores trabalhos no gênero. Parceiro de Arrigo Barnabé, desenhou as capas de *Clara Crocodilo* e *Tubarões voadores*. Deste último, desenhou a história em quadrinhos que acompanha o LP, sobre a qual está construída a música que dá nome ao trabalho, quando em seu lançamento em 1984. *Futboil* está publicada na *Circo* número 1, lançada em 1986.

Luiz Gê tem como uma das características de seu desenho trabalhar cada quadrinho como se fosse o recorte sobre um movimento de câmera contínuo, que a edição se encarrega de distribuir ao longo das páginas. A queda do balão em *Futboil* é um bom exemplo dessa sua técnica. Por meio de enquadramentos em *close* (plano aproximado), em plano americano (plano enquadrado da cintura para cima), em plano geral (visão panorâmica da cena), em planos *plongé* (cena vista de cima) e *contre-plongé* (cena vista de baixo), o balão e seus perseguidores são desenhados como em um filme, que enfatiza antes essa movimentação do ponto de vista que a simples manifestação do conteúdo por meio de imagens.

Essa condução do ponto de vista manipula o enunciatário, fazendo com que sua movimentação seja carregada de sentido. O que se pretende mostrar é que esse efeito de sentido não é apenas efeito ornamental, que torna a visão das imagens mais interessante, mas que há relação entre ele e categorias semânticas que dão forma ao conteúdo do texto. Como tal movimento é próprio do plano de expressão, sua relação com formas do conteúdo revela uma relação semissimbólica, responsável por essa manipulação.

O plano do conteúdo

Em seu percurso figurativo, *Futboil* tematiza a quebra do cotidiano por um evento inusitado. Pessoas que antes descansavam em suas casas, jogavam futebol e transitavam por ruas e calçadas têm as vidas tumultuadas pela queda de um balão.

Há, pelo menos, duas posturas em relação a esse objeto: enquanto alguns se batem para consegui-lo, interrompendo suas atividades, outros não. Desinteressados dele, terminam por atrapalhar a demanda dos outros, incomodando-se com interrupções. Os interessados no balão são os meninos que brincam na rua; os que se incomodam com esse interesse, os mais velhos.

Pode-se definir, portanto, a categoria semântica *transgressão vs. integração* no nível fundamental do percurso gerativo do sentido. O balão figurativiza o valor da *transgressão*, definindo os sujeitos meninos que o buscam. Os mais velhos, os antissujeitos, buscam o valor da *integração*, figurativizado em seus afazeres cotidianos. A categoria semântica define, desse modo, a tensão entre os dois valores formados por ela.

Quando se examina a projeção das forias, a tensão fica evidente: para os mais velhos, há euforização da *integração* e disforização da *transgressão*; para os meninos, ela se projeta ao contrário, euforiza-se a *transgressão* e disforiza-se a *integração*.

De acordo com Fontanille e Zilberberg (2001), a tensão pode ser definida entre dois eixos, o de intensidade e o de extensidade, sobre os quais há o investimento da categoria da tonicidade *tônico vs. átono*. A intensidade e a extensidade podem ser tônicas ou átonas, o que determina dois modos de relação tensiva: ou intensidade e extensidade crescem ou diminuem, em relação conversa; ou enquanto uma cresce a outra diminui, em relação inversa.

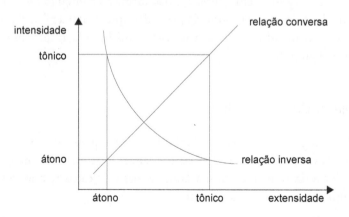

De acordo com os dois eixos, pode-se definir a *integração* na extensidade e a *transgressão* na intensidade. A *integração* é o que se pretende manter extensamente ao longo do texto; sua quebra, a *transgressão*, surge com intensidade sobre ela.

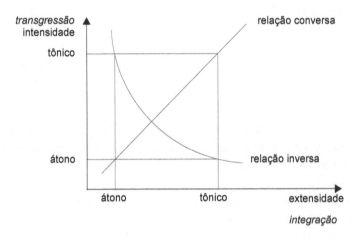

Na relação entre os sujeitos meninos e os antissujeitos mais velhos, a projeção contrária das forias faz com que a relação entre *integração* e *transgressão* seja inversa: quando a *integração* é tônica, a *transgressão* é átona, e vice-versa.

Como a *transgressão* é o valor inscrito no objeto balão, há uma distribuição das relações juntivas com esse objeto e a curva de tensão inversa estabelecida pela categoria semântica. A conjunção com o balão figurativiza a tônica na intensidade da *transgressão* e a disjunção, a tônica na extensidade da *integração*. Isso projeta a conjunção no eixo da intensidade e a disjunção, no da extensidade. Em decorrência, a não disjunção é átona no eixo da extensidade e a não conjunção, átona no eixo da intensidade.

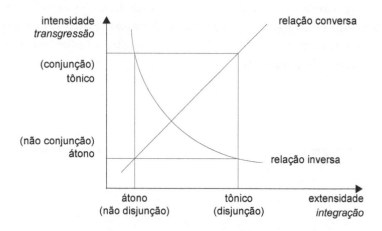

As relações juntivas definem, em semiótica, modos de existência do sujeito. Há o sujeito realizado, quando em conjunção; potencializado, quando em não conjunção; virtualizado, quando em disjunção; e atualizado, quando em não disjunção.

Em relação ao objeto balão/*transgressão*, os sujeitos meninos são pontencializados (não conjunção) no começo da narrativa, quando jogam futebol. Átonos em relação à intensidade da *transgressão*, basta a presença do balão para transformá-los em sujeitos virtualizados (disjunção), tônicos na extensidade da *integração*. Como essa posição é disfórica para eles, há orientação das ações em direção à conjunção eufórica com o objeto de valor. Durante a disputa, os meninos são sujeitos atualizados (não disjunção), átonos no eixo da extensidade da *integração*, e em busca de se tornarem sujeitos realizados (conjunção), tônicos no eixo da intensidade da *transgressão*.

Contudo, a demanda do balão implica um tipo de *integração*, diferente daquela afirmada pelos mais velhos. Como o balão é um objeto não partilhável pelos meninos, cada um é antissujeito do outro, de modo que a *transgressão* tem caráter individualista, que se opõe à coletividade do grupo que se integra na busca.

Isso coloca em discurso os valores da categoria *individualidade vs. coletividade*. O balão figurativiza, então, a *transgressão* e a *individualidade*, enquanto as figuras da *integração* significam também a *coletividade*. Como para os meninos, em suas *individualidades*, qualquer forma de *integração* é disforizada, a *integração* deles em torno do objeto não partilhável também o é.

Essa relação entre eles é estabelecida por uma curva conversa: à medida que a tônica cresce sobre a conjunção – sobre a *transgressão-individualidade* – cresce a tônica sobre a disjunção – sobre a *integração-coletividade* –; quanto mais perto da conjunção com o objeto de valor, mais perto da disjunção, pois quanto mais o grupo se apodera do balão, mais cada indivíduo está longe de possuí-lo.

O resultado é trágico e cômico, pois quando a conjunção se dá, dá-se também a disjunção: o balão é destruído no final. Esse jogo tensivo entre perdedores e ganhadores é o resultado do *Futboil*.

O enquadramento e a relação semissimbólica

Aquilo que foi chamado movimento de câmera segue um padrão em que ora se mostra o balão em queda, ora a demanda dos meninos. Em *close*, em plano geral ou americano, em plano *plongé* ou *contre-plongé*, o balão é visto no alto e sua busca é vista embaixo. O movimento de queda é visto na negação do alto; os movimentos de busca, na negação do baixo. Não se trata da categoria topológica, presente em cada quadrinho, mas do movimento do ponto de vista sugerido pelo enquadramento dos planos que se manifesta ao longo da história.

Como o balão figurativiza a *transgressão*, o movimento para o alto é correlacionado a esse conteúdo; contrariamente, o movimento para baixo é correlacionado a conteúdos da *integração*. Desse modo, há relação semissimbólica entre a categoria de expressão *alto vs. baixo*, que dá forma ao movimento do ponto de vista, e a categoria de conteúdo *transgressão vs. integração*, que dá forma ao conteúdo do *Futboil*.

Análise do texto visual

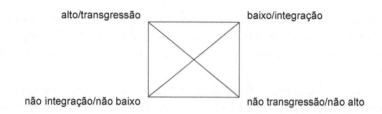

Nessa correlação entre uma forma semântica e uma forma plástica, o engenho do desenhista, ao lado da ornamentação das imagens, carrega o enquadramento de sentidos que, além de garantir a coerência plástica entre cada quadrinho da história, instiga o olhar a se envolver nas tramas do texto. De simples observador, o enunciatário é convidado a percorrer os valores do conteúdo por meio de sua homologação com os valores da expressão.

A enunciação

Além dos meninos, do balão e dos mais velhos, há mais duas personagens na história de Luiz Gê: o enunciador, o palhaço maluco do último quadrinho, e o enunciatário, que responde pela segunda pessoa a quem o palhaço se dirige.

Não revelado explicitamente no começo da narrativa, o enunciador-palhaço está presente ao longo do texto nos comentários que faz do jogo de *Futboil*. Ao mostrar esse fenômeno observado *in loco*, é ele o responsável por sua exposição. Constrói-se, então, uma articulação entre a enunciação-enunciada, aquela em que enunciador e enunciatário são marcados no enunciado, e o enunciado-enunciado da demanda do balão.

Ao apresentar a demanda de acordo com as relações tensivas do plano de conteúdo e de sua relação semissimbólica com os enquadramentos da expressão, o enunciador-palhaço manifesta para o enunciatário o termo complexo da correlação *transgressão/alto vs. integração/baixo* que dá forma ao enunciado-enunciado.

Contudo, no último quadrinho, quando o palhaço aparece explicitamente na enunciação-enunciada, manifesta-se o termo neutro: ele não figurativiza nem a *integração* nem a *transgressão*, também não está nem no *alto* nem no *baixo* em seu enquadramento, surgindo, inesperadamente, contra um fundo escuro.

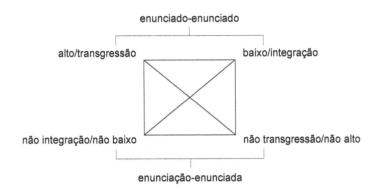

O enunciador-palhaço, a seu modo, despreza o *Futboil*. Para ele, trata-se de um fenomenozinho tipicamente brasileiro, cujo resultado é o fracasso da empreitada em que ganhar significa também destruir o prêmio da vitória. Em outras palavras, disputa-se pela derrota.

Como na citação que faz da conhecida canção de Noel Rosa, *Conversa de botequim*, perguntar o resultado do *Futboil* é participar da mesma conversa "sem assunto" da canção de Noel, em que interessa manter a função fática da linguagem, típica das conversas de botequim. Contudo, se na enunciação-enunciada realiza-se o termo neutro das categorias envolvidas, confirmando a função fática do comentário final do palhaço, no enunciado-enunciado realiza-se o termo complexo dessas categorias, confirmando a função poética da história em quadrinhos e o jogo complexo da tensão entre *transgressão vs. integração* tematizado. O fático, portanto, é da ordem do parecer: ele esconde, ironicamente, a complexidade das relações entre os meninos e o objeto de valor.

A construção da imagem entre o erótico e o pornográfico:
uma análise lexical a respeito da imagem

Erotismo e pornografia

Sabe-se que muitos dos conteúdos veiculados na internet são de material erótico e pornográfico. Se a rede é reflexo dos conteúdos da cultura – com alto grau de fidedignidade, pois nela não há censura e permite-se preservar o anonimato de seus colaboradores – pode-se estimar que a cultura ocidental gira bastante em torno do erotismo e da pornografia.

O discurso erótico de muitas minorias sexuais avança, em grande parte, por causa da rede, que torna possível a divulgação e a discussão de práticas antes censuradas. Na internet, homossexuais, sadomasoquistas, fetichistas e até necrófilos e pedófilos encontram vasto espaço para manifestação.

Objeto de indignação, esse material tem natureza polêmica. Poucos têm como preocupação censurar sites evangélicos, mas muitos insistem em censurar o que se classifica como pornografia. No entanto, censurar implica discutir as dimensões do pornográfico, caso contrário, poucas coisas ficam fora delas.

O que dizer, por exemplo, da tela *A origem do mundo*, de Courbet, ou das numerosas bailarinas de Degas? Um discurso puritano, provavelmente, censura a *Santa Teresa*, de Bernini, e todas as Evas do Renascimento. Contudo, para alguns, há diferenças entre erotismo e pornografia, de modo que o primeiro tem conteúdos eufóricos e o segundo, disfóricos.

A pornografia é imoral, suja, pervertida, sem valor artístico, enquanto o erotismo é belo e poético, por isso, contrariamente à primeira, ele pode e deve ser permitido. Nesse ponto de vista, Courbet é erótico, e imaginar vieses pedófilos nas bailarinas de Degas é impensável, só mentes perversas podem sugerir tal despropósito pornográfico em imagens tão poéticas.

Com esse teor de subjetividade, é impossível decidir pelo que é uma coisa ou outra, no entanto é possível verificar como essa subjetividade funciona.

No universo discursivo da cultura ocidental, há um campo discursivo próprio ao que se pode chamar discurso erótico. Dentro desse campo há, pelo menos, um espaço discursivo cujas manifestações extremas são: um discurso que reserva para si o título de erótico propriamente dito e outro reservado à pornografia. Essa triagem é fruto de uma sanção que, foricamente, separa o primeiro do segundo.

Para desenvolver uma análise semiótica desse campo semântico, deve-se definir o que se chama de discurso erótico e, em seguida, mostrar como essa sanção funciona, o que equivale a determinar qual o estatuto semiótico de sua orientação fórica.

O discurso erótico

As definições lexicográficas em dicionários, para a semiótica, não funcionam como registros adequados entre palavras e coisas, mas como reflexos de um ponto de vista dominante em determinada cultura. No *Dicionário Houaiss*, "erotismo" e "erótico" são definidos assim:

erotismo
1. estado de excitação sexual;
2. tendência a experimentar a excitação sexual mais prontamente que a média das pessoas;
3. tendência a se ocupar com ou de exaltar o sexo em literatura, arte ou doutrina;
4. estado de paixão amorosa.

erótico
1. relativo ao erotismo;
2. que provoca amor ou desejo sexual;
3. que aborda ou descreve o amor sexual;
4. sinonímia de devasso.

Do substantivo ao adjetivo, pelo menos duas afirmações podem ser feitas: uma a respeito da construção de um tema e outra a respeito das conotações sociais nele investidas.

O tema é o da sexualidade, que recebe ao longo das definições de "erotismo" e "erótico" conotações contrárias. De excitação, erotismo passa a ser definido como excesso de sexo em relação a uma média que, por sinal, não é determinada. Em seguida, diz respeito a uma exaltação ou ocupação, que não recebem valorizações negativas ou positivas. Por fim, erotismo é identificado ao amor.

"Erótico" refere-se a amor ou desejo sexual, fazendo distinções entre eles; depois, identifica amor e desejo no conceito "amor sexual" e termina, numa valorização disfórica, igualando erótico a devasso.

Ora euforizado com os conteúdos do amor, ora disforizado com a devassidão e os excessos sexuais, há no "erotismo" e no "erótico" oscilação de modos de valorização: procura-se separar o eufórico do disfórico em termos contrários; conciliar amor e sexo em "amor sexual", de modo complexo, ou defini-los como excitação em valorizações neutras.

Determinado o tema e suas conotações sociais, percebe-se que os lexemas "erotismo" e "erótico" são recortes lexicais sobre uma polêmica de valorização da sexualidade, em que suas ocorrências em língua portuguesa, antes de resolvê-la, a realizam em cada uma delas. Dizer que algo é erótico, que tem erotismo, é atribuir uma predicação cujo campo semântico pode variar das euforias do amor às disforias do excesso e da devassidão.

As definições de sexo podem precisar melhor esses resultados, pois delimitam o campo semântico tematizado no erotismo. No mesmo dicionário, há estas definições:

sexo
1. no Homem, conformação física, orgânica, celular, particular que permite distinguir o homem e a mulher, atribuindo-lhes um papel específico na reprodução;
2. nos animais, conjunto das características corporais que diferenciam, numa espécie, os machos e as fêmeas e que lhes permitem reproduzir-se;
3. nos vegetais, conjunto de características que distinguem os órgãos reprodutores femininos e masculinos;
4. conjunto das pessoas que pertencem ao mesmo sexo;
5. sensualidade, lubricidade, volúpia, sexualidade.

Se "erotismo" define uma polêmica em torno da valorização fórica da sexualidade, as definições de "sexo" são construídas em torno da valorização narrativa.

Na teoria semiótica, o objeto narrativo pode ser descritivo ou modal caso pertença, respectivamente, a um programa narrativo de base ou de uso. O objeto do programa narrativo de uso recebe valorização utilitária, pois figurativiza *saber* ou *poder-fazer*, enquanto o objeto do programa de base recebe valorização existencial, pois figurativiza o valor em relação ao qual o sujeito narrativo entra em relações juntivas, ganhando existência semiótica.

Nas definições acima, "sexo" recebe ou valorização utilitária ou valorização existencial; ou ele serve para alguma coisa ou tem fim em si mesmo. Quando *sexo* é definido como meio pelo qual é possível distinguir machos e fêmeas entre humanos, animais e vegetais, recebe valorização utilitária, pois figurativiza o *saber-fazer*, assim como quando é definido como finalidade reprodutiva, em que figurativiza o *poder-fazer*. Contudo, quando é definido como sensualidade, volúpia e lubricidade, "sexo" figurativiza uma paixão, pois diz respeito a um estado de alma do sujeito narrativo que deseja o sexo por ele mesmo.

Nessa rede de relações, "sexo" e sexualidade são definidos na tensão entre dois modos de valorização. Aplicando o modelo de Fontanille e Zilberberg (2001) a respeito da tensividade, pode-se considerar a valorização utilitária do sexo como da ordem da extensidade, porque nela se estabelece uma morfologia aplicada à classificação das coisas do mundo, e a valorização existencial como da ordem da intensidade, porque nela sexo vale por si, e não por e para alguma coisa.

Projetando a categoria da tonicidade *tônico vs. átono* sobre os eixos da intensidade e da extensidade, duas curvas são possíveis: a conversa, em que ao aumento da valorização utilitária segue-se o aumento da valorização existencial, e vice-versa, e a curva inversa, em que o aumento de uma valorização implica a diminuição da outra.

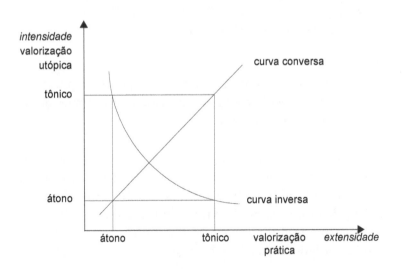

Há, portanto, quatro resultados dessa relação tensiva: quando na curva inversa a valorização existencial é tônica e a utilitária é átona, há o discurso em que sexo é sensualidade, volúpia e lubricidade; quando na mesma curva a valorização existencial é átona e a utilitária é tônica, há o discurso que define sexo como critério de classificação biológica ou para fins reprodutivos.

A curva inversa permite verificar os limites da tensão determinada e constatar que ela está articulada de acordo com a categoria semântica *natureza vs. cultura*: a valorização utilitária figurativiza a *natureza*, dividida entre machos e fêmeas para fins reprodutivos, e a valorização existencial figurativiza a *cultura* e suas paixões eróticas.

Enquanto sobre a *natureza* há a projeção de valores eufóricos, como a geração da vida, sobre a *cultura* há a projeção de valores disfóricos, sobre os quais pesa, muitas vezes, a qualificação de pecado. No mesmo dicionário, há estas definições de "lubricidade" e de "volúpia", em que ambas são relacionadas à "luxúria":

lubricidade
2. propensão para a luxúria, sensualidade exagerada, excitação, lascívia.

volúpia
2. grande prazer sexual, luxúria.

luxúria
2. segundo a doutrina cristã, um dos sete pecados capitais;
3. comportamento desregrado em relação aos prazeres do sexo, lascívia, concupiscência.

A curva inversa permite que se deduza, pelo menos, que há dois modos contrários de valorização do sexo e que em cada um deles pode haver valorização eufórica ou disfórica na tonicidade investida: no discurso do dicionário, quando a tônica é na valorização utilitária, e o sexo é definido como *natureza*, há euforização desses conteúdos relacionados com a manutenção da vida e da espécie; contudo, quando a tônica é na valorização existencial e o sexo é definido como cultura, há disforização em definições como lubricidade e volúpia. Com isso, constata-se não uma definição de coisas, mas a definição de uma visão de mundo.

O dicionário, portanto, revela as relações tensivas sobre as quais constrói seu discurso não porque as explicita, mas porque permite deduzi-las a partir das escolhas que faz sobre elas. No discurso do dicionário consultado, "sexo" é definido em uma curva inversa sobre a tensão *valorização utilitária vs. valorização existencial,* que relaciona *natureza* com a primeira e a euforiza, e relaciona *cultura* com a segunda e a disforiza.

Em outros discursos, outras escolhas podem ser feitas sobre a mesma rede tensiva. O discurso das minorias sexuais, por exemplo, é tônico na valorização existencial e átono na valorização utilitária do sexo, sem fazer as mesmas relações entre *natureza* e *cultura* nem relacionar a sexualidade com paixões disfóricas. Pelo contrário, é próprio das minorias exaltar euforicamente suas preferências.

Há ainda discursos articulados sobre a curva conversa, em que a tônica na valorização utilitária coincide com a tônica na valorização existencial. O discurso em que se fala em "amor sexual", ou em que se afirma que realizar fantasias sexuais garante a manutenção do casamento, tem esse modo de relação tensiva. Já no discurso do celibato, tanto a valorização utilitária quanto a existencial são átonas e uma é tão disfórica quanto a outra.

Em síntese, "sexo" é definido em uma relação tensiva entre a intensidade de sua valorização existencial e a extensidade de sua valorização utilitária, e pela projeção de forias sobre as escolhas feitas na rede tensiva.

Se essa é a tematização do sexo e da sexualidade, e o discurso erótico é relativo a esse tema, todo discurso erótico fala de sexo, mas nem todo discurso que fala de sexo é erótico. O discurso da biologia, por exemplo, fala de sexo sem conotações eróticas; a biologia é discurso científico, e não discurso erótico.

Pelas definições de "erotismo" e de "erótico", independentemente de a valorização utilitária de sexo ser tônica ou átona, a valorização existencial é sempre tônica, o que faz com que a valorização utilitária ou seja átona na curva inversa ou tônica na curva conversa.

Isso define o discurso erótico em relação aos demais discursos que tematizam o sexo dentro da rede tensiva, mas o faz de acordo com a valorização narrativa do sexo. Resta examinar, ainda, as valorizações fóricas.

A estética e a ética do erotismo

No item anterior, a investigação do campo semântico do lexema "sexo" mostra que suas definições são determinadas a partir de sua valorização narrativa, na relação entre a intensidade da valorização existencial e a extensidade da valorização utilitária.

Os discursos a respeito do sexo, portanto, realizam investimentos tônicos sobre a relação tensiva entre essas valorizações e projetam a foria sobre essas escolhas. O discurso erótico é definido, nesse sistema, como aquele tipo de discurso que realiza a intensidade tônica da valorização existencial do sexo, não importando se a tonicidade correlata da extensidade da valorização utilitária é tônica ou átona. Não importa, também, se essa intensidade tônica é sancionada eufórica ou disforicamente. O discurso erótico pode ser chamado luxurioso ou entusiasta, transformando a valorização existencial em vício ou prazer, o que não deixa de manter tonicidade nessa valorização.

Uma vez definido sexo em relação a sua valorização narrativa, e definida a valorização própria ao que se chama discurso erótico, é possível determinar o estatuto da projeção das forias em relação a esse tipo de discurso. Valorizar existencialmente o sexo implica, pelo menos, três procedimentos discursivos: 1) o porquê dessa valorização existencial se dar; 2) como essa valorização projeta a categoria fórica em suas escolhas; e 3) como essa valorização trata os demais discursos a respeito do erotismo.

O porquê diz respeito ao motivo da valorização existencial. Trata-se, afinal, de qual tipo de sexo? Heterossexual, homossexual, sadomasoquista, fetichista, necrófilo, pedófilo etc.? Cada tipo de erotismo define o sistema de categorias próprias para eleger o motivo da valorização existencial de sexo: no heterossexual, é a categoria semântica *masculino vs. feminino*; no homossexual, *identidade vs. alteridade*; no sadomasoquista, *opressão vs. liberdade*; no fetichista, *totalidade vs. parcialidade*; no necrófilo, *vida vs. morte*; e no pedófilo, *novo vs. velho*.

Uma vez realizada a escolha que motiva a valorização existencial, ela é euforizada ou disforizada. Se euforizada, a prática erótica discursivizada torna-se paixão do desejo e do entusiasmo; se disforizada, torna-se paixão da luxúria ou do pecado.

Em relação aos demais discursos, a valorização pode ser definida como a parte de uma totalidade ou como a identidade em relação a alteridades. Na relação *totalidade vs. parcialidade*, o discurso é mais um em meio a outros, garantindo que há tolerância com os demais, que são tomados como partes desse todo. Na relação *identidade vs. alteridade*, o discurso afirma uma tomada de posição oposta às que são diferentes dela, o que faz com que os demais discursos, porque incompatíveis, sejam tratados com intolerância.

Um discurso erótico, por exemplo, pode ser sadomasoquista, valorizando o sexo existencialmente de acordo com a categoria semântica *opressão vs. liberdade*, fazer apologia dessa prática, tomando-a como entusiasmo ou modo de vida, não como pecado ou perversão, e tomar os demais discursos eróticos como outras práticas entre as quais a sua se coloca, sendo todos partes de um todo.

Um discurso erótico, ainda, pode tratar da pedofilia, valorizando o sexo existencialmente de acordo com a categoria *novo vs. velho*, e fazer duras críticas da prática, considerando-a como demência justamente porque a pedofilia pertence ao discurso do outro.

A semantização da valorização existencial, sua foria e seu modo de relação interdiscursiva definem um discurso erótico e, consequentemente, uma ética e uma estética, determinando o que é permitido e o que é considerado belo. Essa ética e essa estética particulares, por sua vez, são responsáveis pelas qualificações disfóricas capazes de definir pornografia no seio do erotismo.

No *Dicionário Houaiss*, esta é a definição de "pornografia":

pornografia
1. estudo da prostituição;
2. coleção de pinturas ou gravuras obscenas;
3. característica do que fere o pudor (numa publicação, num filme etc.), obscenidade, indecência, licenciosidade;
4. qualquer coisa feita com o intuito de ser pornográfico, de explorar o sexo tratado de maneira chula, como atrativo;
5. violação ao pudor, ao recato, à reserva, socialmente exigidos em matéria sexual, indecência, libertinagem, imoralidade.

Para o discurso de qualquer minoria, sua postura só é indecente para o olhar do outro, o que faz com que os limites do pudor sejam reinterpretados. A canção *Mujer contra mujer*, de J. M. Cano, gravada pelo grupo espanhol Mecano, é um manifesto a favor do lesbianismo:

Nada tienen de especial
dos mujeres que se dan la mano
el matiz viene después
cuando lo hacen por debajo del mantel

Nada há de especial
em duas mulheres que se dão as mãos
as nuanças vem depois quando
o fazem por debaixo da toalha de mesa

Luego a solas sin nada que perder
tras las manos va el resto de la piel
un amor por ocultar
y aunque en cueros no hay donde esconderlo
lo disfrazan de amistad
cuando sale a pasear por la ciudad

Depois, a sós, nada a perder
após as mãos é o resto da pele
um amor por ocultar
ainda que nuas não há como escondê-lo
dissimulando como amizade
quando saem a passear pela cidade

Una opina que aquello no está bien
la otra opina que qué se le va a hacer
y lo que opinen los demás está demás

Uma delas diz que não está certo
a outra, o que se pode fazer?
e a opinião dos outros não importa

Quien detiene palomas al vuelo
volando a ras de suelo
mujer contra mujer

Quem detém pombas ao voo
voando ao rés do chão?
mulher contra mulher

No estoy yo por la labor	Não estou a fim de
de tirarles la primera piedra	jogar-lhes a primeira pedra
si equivoco la ocasión	se erro no instante
y las hallo labio a labio en el salón	e as encontro lábio a lábio na sala
ni siquiera me atreveria a toser	nem de tossir seria capaz
si no gusto ya sé lo que hay que hacer	se não gostar sei o que devo fazer
que con mis piedras hacen ellas su pared	com minhas pedras elas fazem sua murada
Quien detiene palomas al vuelo	Quem detém pombas ao voo
volando a ras de suelo	voando ao rés do chão?
mujer contra mujer.	mulher contra mulher
	(Tradução livre)

Para esse discurso, a decência de duas mulheres que se beijam é colocada em questão de modo que os limites do que é socialmente aceito como pudor são discutidos. Para aqueles que se ferem com o lesbianismo, essa é uma canção indecente; para aqueles que não, é um manifesto justo. Para os primeiros, há pornografia; para os outros, não – para eles lésbicas são como pombas ao vento, voando ao rés do chão.

Este é o estatuto da projeção das forias: promover uma triagem sobre a escolha tônica dos valores existenciais do sexo de acordo com uma estética e uma ética eróticas que, por sua vez, têm seus próprios padrões sancionadores e, por isso, os limites entre o erótico e o pornográfico dependem dessa sanção. Dito de modo mais adequado, a definição dos limites é a própria sanção.

No discurso sadomasoquista, os desenhos de quadrinistas como o norte-americano John Willie, os italianos Guido Crepax e Franco Saudeli ou o francês George Pichard são obras de arte, em que a estética da *bondage*, a arte de amarrar, está contemplada com entusiasmo e beleza. Se na estética sadomasoquista a categoria semântica *opressão vs. liberdade* é dimensionada pela projeção das forias e determina a sensibilização que estabelece a ética e a estética da prática, fazendo dela permitida e bela, as fotografias de Fábio Cabral, do álbum *Anjos proibidos*, fazem o mesmo em relação à pedofilia, por meio da sensibilização fórica da categoria semântica *novo vs. velho*.

Tanto os desenhos dos quadrinistas quanto as fotos de Fábio Cabral podem receber as qualificações de ofensivas ou abusivas em relação a determinadas dimensões do pudor, que, com certeza, estão fora dos limites éticos e estéticos de cada um dos discursos eróticos realizados por meio de e através das imagens.

A construção da imagem em uma fotografia de Haroldo de Campos:

o poeta e seu ofício

Em 2003, Eder Chiodetto publica o álbum de fotografias *O lugar do escritor*. Em cada foto, um poeta ou prosador da literatura brasileira aparece em seu lugar de trabalho. Entre eles, está Haroldo de Campos em seu escritório-biblioteca, como visto anteriormente.

Tensão e significação no plano de conteúdo

Em seu lugar, o escritor define seu fazer: Adélia Prado, em meio a folhagens; Raquel de Queiroz, na fazenda; Paulo Coelho, com janela ao fundo, de frente para o mar; Ariano Suassuna, lendo deitado na cama, e muitos em suas bibliotecas, cercados de livros, como é a foto de Haroldo de Campos, rodeado de volumes e mais volumes.

Cada um mostra, por meio das fotos de Chiodetto, relações com o ofício de escritor: para alguns, a inspiração, figurativizada em lugares amenos como o mar e o campo; para outros, o trabalho, figurativizado em quartos de leitura e bibliotecas.

Essa figuratividade, que se realiza na semântica do nível discursivo, encontra sua sustentação narrativa na semântica do nível narrativo. Em nível narrativo, há sujeitos que se definem em relação a objetos de valor; no caso das bibliotecas, o objeto valorizado é o saber. Não se trata apenas de um saber modal, próprio da aquisição de competência, mas de um saber descritivo, próprio da realização da performance. Há, portanto, uma relação entre o *saber-fazer* da competência e o *fazer-saber* da performance, de modo que a valorização narrativa distingue esses dois saberes.

Para o primeiro, o *saber-fazer*, há valorização utilitária, pois se trata de objeto modal, próprio de um programa narrativo de uso; para o segundo, o *fazer-saber*, há valorização existencial, pois se trata de objeto descritivo, próprio de um programa narrativo de base. Em sua biblioteca, os muitos livros que cercam o poeta figurativizam o *saber-fazer*, o saber modal sem o qual o sujeito escritor não realiza a performance. Por sua vez, o *fazer-saber* é figurativizado pelo poeta, que escreve.

A partir da relação entre o *saber* acumulado nos livros e o *saber* construído pelo escritor, pode-se determinar a categoria semântica, em nível fundamental, que lhe dá forma semiótica. Os livros figurativizam o *saber* em difusão em cada livro da biblioteca, e o escritor e seu ofício, o *saber* concentrado no sujeito da ação de escrever. Desse modo, a categoria semântica *difusão vs. concentração* orienta a relação entre o *saber-fazer* e o *fazer-saber* figurativizados.

Há, no conteúdo da fotografia, uma relação entre categoria semântica, arranjo modal e figurativização que determina o percurso gerativo do sentido realizado:

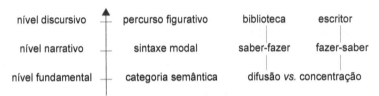

Contudo, à medida que o escritor exerce o *fazer-saber*, investindo nos valores da *concentração*, ele produz mais um livro, que, ocupando mais um lugar na biblioteca, torna-se o *saber* modal de um novo *saber-fazer*, semantizado com os valores da *difusão*. Desse modo, a *concentração* do *fazer-saber* torna-se *difusão* no *saber-fazer*.

Esse movimento modal no plano de conteúdo da foto faz com que se dê a semantização de um processo contínuo, e não de dois estados juntivos em que o *saber-fazer* do sujeito é apenas o objeto modal de seu *fazer-saber*. Nessa continuidade, o *saber-fazer* resolve-se no *fazer-saber* que, por sua vez – vale a pena repetir – é o *saber* de um novo *saber-fazer*. A significação, portanto, é construída na tensão entre os termos da categoria semântica fundamental e de seus desdobramentos nos níveis narrativo e discursivo.

Retomando mais uma vez os estudos de Fontanille e Zilberberg, na geração do sentido da fotografia de Haroldo de Campos, a concentração é da ordem da intensidade, e a difusão, da ordem da extensidade. Os livros e a biblioteca são de ordem global, preenchem com extensidade o universo de referências do escritor, ao passo que a produção de mais um livro figurativiza mais uma marca local na extensidade da biblioteca.

A relação tensiva entre *concentração vs. difusão*, na medida em que o *saber* se resolve ora no *saber-fazer* da aquisição de performance, ora no *fazer-saber* da realização da performance, é de ordem conversa: enquanto a concentração aumenta, com intensidade, aumenta a difusão, com extensidade.

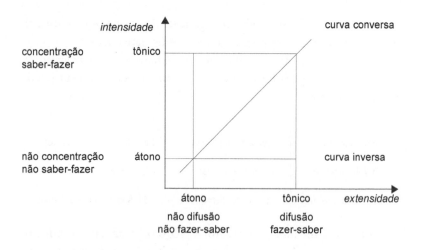

Tensão e significação no plano de expressão

No plano de expressão das semióticas plásticas, as categorias eidéticas, cromáticas e topológicas são definidas de modo análogo à categoria semântica do nível fundamental. Se no plano do conteúdo a categoria semântica do nível fundamental dá forma ao sentido gerado por meio dela – orientando o valor investido no objeto descritivo na semântica do nível narrativo e a distribuição figurativa na semântica do nível discursivo – no plano de expressão as categorias plásticas dão forma às imagens nele realizadas.

Na fotografia do poeta concreto, sua imagem entre os livros é gerada a partir do arranjo entre a categoria eidética e sua distribuição topológica. Os livros, tanto os das estantes quanto o que ele escreve, têm predominância de forma retilínea; o escritor, ao contrário, é formado por curvas. A categoria eidética, por isso, pode ser definida em *retilíneo vs. curvilíneo*.

Topologicamente, os livros nas estantes circundam o poeta que, por sua vez, circunda o livro que escreve. Utilizando a categoria topológica *marginal vs. central* para descrever a distribuição da categoria eidética, pode-se afirmar que a forma *retilínea* é *marginal* quando o escritor, gerado pela forma *curvilínea*, é *central*; e a mesma forma *retilínia* é *central*, quando se considera a forma *curvilínea* do escritor a seu redor. Dito de outro modo, os livros nas estantes margeiam o escritor que, por sua vez, margeia o livro que escreve.

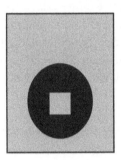

A distribuição topológica descrita por meio da categoria *marginal vs. central*, em que o termo *central* é também formado por uma nova aplicação da mesma categoria de modo que a forma *marginal* da primeira aplicação coincide com a forma *central* da segunda, permite que se deduza a forma topológica *intercalante vs. intercalado* não mais aplicada em distribuição linear, mas em distribuição planar.

Na foto de Haroldo de Campos, a categoria topológica *intercalante vs. intercalado*, em distribuição planar, organiza a categoria eidética *retilíneo vs. curvilíneo*, de modo que o *intercalante* é *retilíneo*, e o *intercalado*, *curvilíneo*.

Se a categoria plástica também é definida a partir da tensão entre os termos nela relacionados, é possível descrevê-la a partir da mesma tensividade aplicada ao plano do conteúdo.

Como os livros, *retilíneos e intercalantes*, delimitam o espaço *curvilíneo e intercalado*, pode-se definir o retilíneo e o intercalante na ordem da extensidade, e o curvilíneo e o intercalado na ordem da intensidade. O *intercalante/retilíneo* é formado a partir da tonicidade tônica no eixo da extensidade e átona no eixo da intensidade; já o *intercalado/curvilíneo* é formado a partir da tonicidade átona no eixo da extensidade e tônica no eixo da intensidade. Define-se, portanto, uma relação inversa entre os eixos quando o olhar se detém ora numa correlação de formas, ora em outra.

Contudo, essa relação inversa enfoca as manifestações, no plano da expressão, dos termos contrários das categorias plásticas envolvidas; a foto, combinando no eixo sintagmático os paradigmas que formam cada categoria, realiza uma relação conversa, pois nela a tonicidade tônica incide tanto na extensidade *intercalante-retilíneo* quanto na intensidade *intercalado-curvilínea*. Nessa relação, o olhar captura não as diferenças, mas a complexificação dos valores plásticos colocados em discurso.

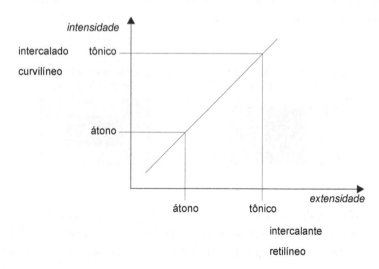

As relações plásticas e sua tensividade permitem que se defina a geração de sentido também no plano de expressão, não em termos conceituais como é geralmente entendida a noção de sentido, mas nos termos do sistema semiótico manifestado.

Tensão e significação e sistemas semissimbólicos

Uma vez definida a tensividade geradora do sentido, no plano do conteúdo, e a tensividade geradora da plasticidade, no plano da expressão, resta verificar se há, na foto, relação semissimbólica entre elas.

A partir dos eixos da extensidade e da intensidade, e de suas determinações nos dois planos da linguagem, o semissimbolismo é evidente. No eixo da extensidade, as formas semânticas da *difusão*, do *saber-fazer* e da figurativização dos livros relacionam-se com as formas plásticas *intercalante* e *retilíneo*; já no eixo da intensidade, as formas semânticas da *concentração*, do *fazer-saber* e da figurativização do escritor relacionam-se com as formas plásticas *intercalado* e *curvilíneo*.

Pela tonicidade investida tanto no conteúdo quanto na expressão, a curva gerada é conversa nos dois planos. Basta, para isso, o olhar apreender a totalidade da fotografia, e a imaginação, o processo contínuo tematizado no conteúdo.

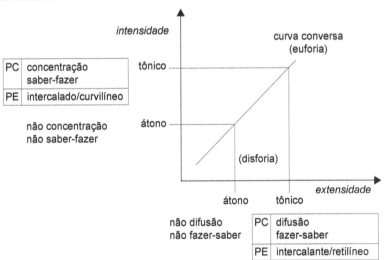

Ao que tudo indica, a tensividade permite, além da determinação da estrutura fundamental de geração de sentido – que, pela sua formalização, pode ser aplicada tanto na geração do conteúdo quanto na da expressão –, um método seguro para que se verifique, através das dimensões da extensidade e da intensidade, as relações semissimbólicas estabelecidas por meio delas.

Bibliografia

Assis, Machado de. *Obra completa*. Rio de Janeiro: Nova Aguilar, 1997.

Cagnin, L. A. *Os quadrinhos*. São Paulo: Ática, 1975.

Chiodetto, E. *O lugar do escritor*. São Paulo: Cosac & Naify, 2002.

Floch, J-M. *Petites mythologies de l'oeil et de l'esprit*. Paris: Hadès-Benjamins, 1985.

_____. *Sémiotique, marketing et communication*. 2. ed. Paris: puf, 1995.

Fontanille, J.; Zilberberg, C. *Tensão e significação*. São Paulo: Humanitas, 2001.

Hjelmslev, L. *Prolegômenos a uma teoria da linguagem*. São Paulo: Perspectiva, 1975.

Melo Neto, J. C. de. *Poesias completas*. 4. ed. Rio de Janeiro: José Olympio, 1986.

Pietroforte, A. V. *Semiótica visual:* os percursos do olhar. São Paulo: Contexto, 2004.

Tatit, L. *Análise semiótica através das letras*. São Paulo: Ateliê, 2001.

Wagner, J. *O guia do jazz*. Lisboa: Pergaminho, 1990.

Discografia

DeJohnette, J. *New Directions*. Oslo: ecm, 1978.

O autor

Antonio Vicente Pietroforte é professor de Semiótica e Linguística Geral da Faculdade de Filosofia, Letras e Ciências Humanas da Universidade de São Paulo (USP), onde fez o bacharelado em Língua Portuguesa e Linguística e o mestrado e o doutorado em Semiótica. Publicou pela Contexto o livro *Semiótica visual: os percursos do olhar*, além de haver participado dos dois volumes de *Introdução à linguística*, organizados por José Luiz Fiorin. Ainda pela Contexto, participou do livro *Semiótica: objetos e práticas*, organizado por Ivã Carlos Lopes e Nilton Hernandes.

LEIA TAMBÉM

SEMIÓTICA
objetos e práticas
Ivã Carlos Lopes e Nilton Hernandes (orgs.)

Este livro mostra como funciona o fascinante mundo dos signos e da construção de sentido em textos verbais e não verbais de forma simples e prática. Pesquisadores renomados analisam diferentes textos, desde os mais tradicionais, como os literários e os mitológicos, aos publicitários e de cinema, entre outros. Obra indicada para estudantes e professores de letras e comunicação social e também para os amantes das ciências da linguagem.

IMAGENS DE SI NO DISCURSO
a construção do ethos
Ruth Amossy (org.)

Da retórica aristotélica à pragmática contemporânea, a imagem de si que se constrói no discurso é designada pelo termo ethos. Trata-se da representação do locutor que se depreende não somente pelo que enuncia, mas também pelas modalidades de sua enunciação, pelas posturas que adota, por seu estilo. Como a teoria de Aristóteles influencia as concepções contemporâneas do ethos? Como estas esclarecem o bom funcionamento das interações verbais nas práticas discursivas mais diversas, da publicidade ao discurso político, passando pelo texto literário? Essas são algumas das questões às quais este livro responde. Obra indicada para estudantes e profissionais da ciência da linguagem.

Cadastre-se no site da Contexto
e fique por dentro dos nossos lançamentos e eventos.
www.editoracontexto.com.br

Formação de Professores | Educação
História | Ciências Humanas
Língua Portuguesa | Linguística
Geografia
Comunicação
Turismo
Economia
Geral

Faça parte de nossa rede.
www.editoracontexto.com.br/redes